[監修] 株式会社 Kaien 代表取締役
鈴木慶太
[編著] 株式会社 Kaien

発達障害の人のためのお仕事スキル

楽しく働くためのヒント&
セルフアドボカシー

合同出版

読者のみなさまへ

　2017 年に、合同出版より『発達障害の子のためのハローワーク』を出版しました。

　発達障害の専門家である飯島さなえ先生が、ユニークな個性を持つ発達障害のある 5 人の子どもたちと語り合いながら、160 の仕事の内容や働くために必要な特性や進路について楽しく紹介した本です。

　「就労」というキーワードがイメージしにくい発達障害のある子どもたちに、仕事の多様性を知ってもらい、働くことへ興味を持ってもらう目的で制作しました。

　執筆の過程で、13 歳の今を精一杯生きている「てつお君、こころちゃん、ハイパー君、しずか君、あかりちゃん」の 5 人のキャラクターがあまりにもリアルで、愛着が湧いてきました。この 5 人は 10 年後にどうなっているだろうか……、どんなふうに働いているんだろう？　そんな想像をしているうちに、自然と形になってきたのが、この『まんがでわかる発達障害の人のためのお仕事スキル』です。

　けれども、ただ単に仕事や就労支援の方法を紹介するのではなく、今の日本の職場で周りと折り合いをつけながら働くコツやヒントをリアルに伝えることは、想像以上に困難な作業でした。試行錯誤を重ねるうち、執筆開始から 2 年半も経ってしまいました。

　当初の予定から内容も大きく変わったのですが、今回、自信を持って世の中に出せる本になりました。

　職場で発達障害の特性ゆえに悩んでいるご本人、将来楽しく働くためにどんな子育てをしたらいいのかと不安に苛まれているご家族、職場にいる発達障害の人にどのように力を発揮させればよいのかわからない上司や同僚たち。どんな人にも何かヒントを届けられるものになったと思います。

　章ごとにポイントをご紹介します。

■第1章～第4章：ぜひ、親子で読んでほしい。

仕事の悩み・原因・対策をセットで解説！

　第1章から第4章はまんが仕立てなので楽しく読めます。5人のキャラクターが職場で困っていること、その原因を分析、どんな対策が考えられるのか、いくつかのヒントを紹介しました。

　仕事での悩み・その原因と対策の3つをセットで解説しているところが、ポイントです。悩みと対策についてはすでに優れた本が出版されていると思いますが、この本では、さらに悩みの背景にある原因にも目を向けています。自分の苦手なところ、得意なところをできるだけ客観的に理解して、対処するためのヒントをちりばめました。

　また、「登場人物紹介」のところで、5人のキャラクターの設定・成長ストーリーをまとめています。「自分に似ているかも……」「この子の気持ちわかる！」など、ピンとくるキャラクターに自分を重ねながら、ぜひ親子で読んでいただきたいと思います。

■第5章：これからの時代の「合理的配慮」と「セルフアドボカシー」

　5章はこの本のハイライトです。

　2016年から日本の法体系にも「合理的配慮」が組み込まれました。今は、社会が障害への対策をレディメイドする時代から、自分の特徴を自分から伝えて配慮をオーダーメイドしていく、セルフアドボカシーの時代に変わっていく転換期であるとも言えます。

　未来を見据えて、ただ単に自分で工夫をするだけではなく、周囲にも上手に配慮をしてもらうことで、自分の働くパフォーマンスを上げていくことが重要です。そうした世界的な流れに沿った情報を凝縮したつもりです。

　「発達障害者支援法」ができて15年。小さい頃から診断を受けた子どもたちが続々と、働く世代に成長しています。発達障害のニュージェネレーションにとって、もっとも大切な仕事スキルであるセルフアドボカシーを、この本でお伝えできればと思います。

■第6章：出血大サービス！　Kaienの独自プログラム

　前章までに紹介した対策やスキルをふり返り、ぜひ取り組んでほしいプログラムを紹介しました。

　Kaienに通える地域に住んでいる人であれば当社で日々受けられる職業訓練ですが、そ

うした人ばかりではないのも事実です。

　そこで当社で行なっているビジネススキル講座のプログラムから9つを厳選。「優先順位付け」「ビジネスメールの作成」「電話の取次」「メモ取り」「接客」や「トラブルシューティング」など、就労前の準備や就労後の研修として活用してください。

■第7章：人手不足の時代。企業が凸凹の力を引き出すために

　最後に添えたのが、発達障害のある人を受け入れる雇用側の視点です。

　これからの日本の大きな社会的課題のひとつが、労働人口の減少です。実際に日本で発達障害と診断される人は人口の数％かもしれませんが、「発達障害の傾向がある人」まで含めるとその割合は2〜3割とも言われます。その数からも、発達障害の特性のある人の力を引き出し、職場で活かすことはとても重要なミッションになるはずです。

　この本ではいつも当社が懇意にさせていただいている3つの会社を紹介します。実際の職場では、発達障害のある本人が困っていなくても、周囲がとても困っている場合もあります。企業側の苦労や対処法も参考にしていただければと思います。

　さあ、5人と一緒に、仕事を楽しもう！

　働く本人にとって、仕事は楽しく、自分を表現できる場でもあります。また職場にとっては、凸凹のある人と共に働くことは、戦力が増えるだけでなく、さまざまな気づきを得られる機会をもたらします。そんな職場の多様性のメリットを少しでも伝えることがこの本の目標でもあり、Kaien の目標でもあります。

　ではさっそく、「てつお、こころ、ハイパー、しずか、あかり」の5人の10年後の世界に足を踏み入れてみてください。

鈴木慶太　株式会社 Kaien 代表取締役

もくじ

読者のみなさまへ……………………………………………………3
この本に登場する仲間たち…………………………………………8

第1章 なるべく仕事をうまくこなしたい 特性に応じた対策

あかりさんの場合	急に頼まれた仕事に対応できない…………………………16
ハイパーさんの場合	大切なメールが後回しになる………………………………18
しずかさんの場合	何から手をつけてよいのかわからない……………………20
てつおさんの場合	優先順位がわからず混乱してしまう………………………24
ハイパーさんの場合	苦手な仕事を後回しにする…………………………………28
てつおさんの場合	融通をきかせた対応ができない……………………………30
しずかさんの場合	メモをとろうとすると時間がかかる………………………32
てつおさんの場合	細部や間違いが気になり仕事が遅れる……………………34
ハイパーさんの場合	相談せずに自己判断してしまう……………………………38
てつおさんの場合	勝手な行動をとってしまう…………………………………40
あかりさんの場合	業務指示の理解が苦手………………………………………42
業務理解シート……………………………………………………………44

第2章 なるべくミスやうっかりをなくしたい 集中力・注意力対策

こころさんの場合	一斉指示だと集中できない…………………………………46
ハイパーさんの場合	口頭での指示だけだとミスが多い…………………………48
こころさんの場合	作業に集中できない…………………………………………50
てつおさんの場合	周囲の音が気になり、仕事に集中できない………………54
しずかさんの場合	計算間違いや誤字・脱字が多い……………………………58
こころさんの場合	だいじなものを紛失する……………………………………62
あかりさんの場合	データ入力にミスが多い……………………………………64
こころさんの場合	仕事に必要なものを忘れる…………………………………68
ハイパーさんの場合	メモをとっても上手に活用できない………………………70

第3章 なるべく人づきあいがうまくなりたい コミュニケーション対策

しずかさんの場合	電話対応が苦手………………………………………………76
てつおさんの場合	求められていることと異なる仕事をやってしまう………78
あかりさんの場合	ミーティングで意見が言えない……………………………80
てつおさんの場合	会議についていけない………………………………………82
しずかさんの場合	叱られると怖くなり、適切に対応できない………………84
てつおさんの場合	質問が多すぎて迷惑がられる………………………………86
ハイパーさんの場合	挨拶がカジュアルすぎる……………………………………88

しずかさんの場合	タイミングがつかめずスムーズに帰れない	90
てつおさんの場合	空気が読めず、仕事を終わらせてしまう	91
あかりさんの場合	言いわけばかりしてしまう	96
こころさんの場合	女子トークが難しい	98
ハイパーさんの場合	しゃべりすぎてしまう	100
しずかさんの場合	飲み会が苦手	102
あかりさんの場合	同僚との距離感がつかめない	104
ハイパーさんの場合	怒りをコントロールできない	106

第4章 なるべく長く仕事を続けたい （自己管理対策）

こころさんの場合	疲れがたまり仕事中に眠くなる	110
しずかさんの場合	集中しすぎてしまう	112
ハイパーさんの場合	早寝早起きができない	114
てつおさんの場合	早めに出勤してしまう	116
こころさんの場合	いつも遅刻してしまう	118
あかりさんの場合	通勤時の不測の事態に対応できない	120
てつおさんの場合	身だしなみを整えられない	122
あかりさんの場合	メイクが苦手	124
しずかさんの場合	仕事のストレスを私生活に持ち込んでしまう	126

第5章 なるべく働きやすい職場になってほしい （合理的配慮の求め方）

配慮や環境調整のお願いの仕方を身につけよう	130
合理的配慮を受けるための3つのステップ	132
知っておきたい。合理的配慮の具体例	138
とっても大切なセルフアドボカシー	142

第6章 公開！Kaien オリジナル教材 （お仕事スキルトレーニング）

第7章 突撃！企業インタビュー （発達障害の人に理解のある会社）

株式会社サザビーリーグHR	170
グリービジネスオペレーションズ株式会社	175
三井化学株式会社	179
参考になる情報	186
おわりに	190

・本書で紹介したグッズやアプリなどのより詳しい情報は本文中のマーカーした用語でネットで検索してください。
・関連する情報は本文中の QR コードからもご覧になれます。

7

この本に登場する仲間たち

profile
●てつおさん

配属：システム開発部（一般雇用）
業務内容：社内システムの運用

特性
典型的なASD（自閉スペクトラム症）タイプ。5歳のときに診断を受けた。全体的なIQ（知能指数）が高く、記憶力や情報を処理する力に秀でているが、臨機応変な対応やスピーディーな判断が苦手。入社試験のときはASDであることを伝えていなかったが、入社後に仕事のミスを指摘された際、「自分はアスペなんで」と口走ってしまっている。

これまでの道のり
幼いころから探究心が強く、鉄道など特定のジャンルの知識が豊富で、「博士」「天才」と言われてきた。中学までは成績優秀で上位の公立高校に入学したが、高校では文脈を読むのが苦手なことから国語につまずき、成績がやや低下。結局、中堅国立大の情報系学部に進学し、鉄道サークルでは副代表を務めるなど活躍した。
大学院進学を考えたが、研究室ではコミュニケーションがうまくいかず、やや不適応に。教授から就職をすすめられ、急きょ夏以降に就活を行ない、何とか地元の中堅企業に就職した。

仕事の状況
仕事は丁寧だがスローかつマイペース。優先順位無視で自分のやりたい仕事から始めてしまい、大枠ではなく枝葉末節にとらわれがち。報連相（ホウレンソウ）と謝罪（とくに指摘されたことや態度に関するもの）が苦手で、協調性に欠けているが、まったく自覚がない。仕事はマニュアルどおり進めるが、（暗黙の）例外があると極端に焦り、苛立ちが顕著になる。マニュアルから外れた行動をとる同僚に対して善意で注意をすることもあり、「あいつは融通がきかない」というのが社内の評価。

私生活（趣味・特技など）
金銭管理が得意だが、ファッションには無頓着で同じ服のローテーションとシャツインが基本。趣味は、休日に鉄道を見ること。「飲み会に行くくらいなら鉄道を見ますね」。

profile
● こころさん

配属：総務部（一般雇用）
業務内容：備品管理などの庶務、文書作成・管理

特性

ADHD（注意欠如多動症）の中でもADD（不注意優勢型）タイプ。整理整頓ができない、集中力が続かない、ケアレスミスが多い、ものをよく失くすなどの悩みを抱えている。学生相談室の心理スタッフから特性を指摘されたが、医療機関にはかかったことがなく、職場にも伝えていない。

これまでの道のり

子どものころから、絵や漫画を描くのが大好き。私立高校を経て美術大学を卒業。絵に関する職業につきたかったが、大学で学ぶうち「絵を仕事にはできない」と考え挫折。中堅企業に入社した。

仕事の状況

おだやかでやさしく、職場を明るくする、愛されキャラ。仕事は一生懸命覚えようとしているが、口頭指示の抜け漏れが多く、なかなか結果に結びつかない。原因不明のケアレスミスも多く、先日も金額を1桁間違えて入力してしまった。複数の仕事を同時に処理することも苦手で、新人だからと大目に見てもらっているが、気分的には「もう辞めたい」と思うこともしばしば。体調管理ができておらず、高熱が出てフラフラの状態でも、それをうまく伝えられずに出勤したことがある。上司は彼女の活躍の場をつくろうと、グラフィックソフトの使用経験を活かし、社内チラシの作成を頼もうかと考えている。

私生活（趣味・特技など）

女の子の輪に入るのが苦手で友だちは多くはなかったが、一部の趣味の合う友人と親密な関係を築けている。大学時代には初めての彼氏もできた。最近は仕事が忙しく、あまり絵を描いていないが、スマホで好きな動画を観たり、漫画を読むのがストレス解消になっている。

この本に登場する仲間たち

profile
● ハイパーさん

配属：営業部（一般雇用）
業務内容：高級寝具の営業

特性
ADHD（注意欠如多動症）。小学校低学年から集団行動になじめず療育に通う。発想力やアイデアが豊かで行動力もある一方、熱しやすく冷めやすい。衝動性が強いため、暴走するとトラブルを起こしてしまうことも…。入社試験でも、テンションが上がってしまい「自分、ADHDなんでー」とカジュアルにカミングアウトしている。

これまでの道のり
スポーツ万能で小学校から大学までサッカー部ひとすじ。勉強は大嫌いだが、将来を心配した親に塾の冬期講習に通わされ詰め込んだら、奇跡的にマンモス私立大学に合格した。得意科目は英語。大学ではその明るいキャラクターで先輩やOBにかわいがられ、単位も友人の協力により取得できた。しかし、自分が悪者にされたと感じたときにキレやすく、思わず手を上げてしまうなどヒヤリとするトラブルもあり、周囲は「社会人としてやっていけるのか」と心配している。「ビッグマウスで、勢い重視の自分には、営業しかない！」と意気込み、就活を始めたが、大手は何社も落ち続け、現在の中堅企業に拾ってもらう。

仕事の状況
上司からは、「勢いはあるが、業務成績はからっきしで、間違ったやつ採っちゃったかも…」と思われている。営業先でも腕や足を組んだり、落ち着きがなく、態度が悪い。やんちゃに見えるが、注意されたり怒られるとひどく落ち込む。一方で、相性のいい顧客とは信頼関係をつくることができ、彼を評価する先輩もいる。若者言葉ですべて解決しようとするのが大きな課題で、メールチェックやタスク管理も苦手。

私生活（趣味・特技など）
なかなか試合の機会はないが、仕事の合間をぬってサッカーは続けており、後輩の指導に当たることもある。飲み会もカラオケも大好きで、大学のOB会には必ず参加している。

profile
● しずかさん

配属：ディーラー事業部（一般雇用）

業務内容：自動車の整備・メンテナンス

特性

LD（学習障害）があり、文字の読み書きや数学が苦手。正確なメモをとることができず、簡単なおつりの計算も間違えてしまう。診断は小学生のとき。学習の遅れを心配した家族がスクールカウンセラーに相談したことがきっかけ。苦手なことが多いため、不安が強く自信はないが、目立ったトラブルもないため、とくに職場には診断名などを伝えていない。

これまでの道のり

性格はおだやかで平和主義。学校ではつねに目立たない存在だったので、本人は困っていたにもかかわらず、特別なサポートを受けてこなかった。成績が伸びなかったため、大学進学はあきらめ、器用さを活かそうと自動車整備士の専門学校に入学した。専門学校は試験などに苦労したが、実技教科の得意さを活かして卒業できた。真面目に取り組む姿勢が評価され、学校推薦で現在の会社に就職。

仕事の状況

本人は、マニュアルや資料を読むのが苦手で、理解できていないのに、だれにも相談することができず苦労している。一方、作業はほとんど見て覚えることができ、着実にこなせるので、腕はたしか。上司からも、堅実な仕事ぶりとおっとりした柔らかな性格が評価されている。ただし、もう少し積極的に動いてほしいと思われており、注意やちょっとした指摘に過剰に反応し、落ち込んでしまうところも心配されている。

手書きの報告書が上手に書けなかったが、タイピングが得意なので、電子化してもらうことにより、解決した。けれども、電話でメモがとれない、経費の精算や発注業務で計算ミスが多いなど、本人の悩みはつきない。

私生活（趣味・特技など）

趣味はゲームとアニメ。シャイで内気だが、学生時代からの気の合う友だちが何人かいて、休日には秋葉原などに出かけることもある。

この本に登場する仲間たち

profile
● あかりさん

配属：庶務課（障害者雇用）
業務内容：メール便の集配、ファイリング

特性
幼少期に診断を受けている。軽い知的障害があり、何をするのもゆっくり。けれども、じっくり時間をかけて覚えれば、教えられたことを真面目にコツコツ取り組んでいく力がある。就職活動は障害者枠一本！

これまでの道のり
勉強は苦手で、面倒見のよい私立高校に入学。先生が根気よくやさしく指導してくれたので、高校は卒業できた。それでも勉強は好きになれなかったので、もともと好きだった動物と関わる仕事をしたいと専門学校へ進学。トリマーになりたかったが、座学の授業が難しく、ついていけなくなり中退。その後、子どものころから通っている相談支援機関の紹介で就労移行支援事業所へ通所。明るく元気で人懐っこいところを、面接で評価してくれた現在の会社に、障害者枠で入社した。

仕事の状況
上司にも同僚にもよくかわいがられている。業務理解が苦手で仕事を覚えるのに時間はかかるが、一度覚えた仕事は丁寧にこなす。ただ、ミスが多く、間違いに対しての受けとめが総じて軽い。改善意欲も低く、手すきのときは指示待ち状態となる。仕事とプライベートの線引きができず、業務中に業務外の話をよくしてしまい、年齢の割に幼く見られがち。仕事上の関係で親切に接していた社員をプライベートでしつこく誘ったり、夜中に電話をかけたりして注意を受けたことも……。

私生活（趣味・特技など）
動物が大好きで、家で飼っている猫と遊んでいると幸せ。おしゃべりも好きで、仲良くなった人とカラオケに行ったり、食事に行ったり、飲み会に行ったり、休日も楽しく過ごしている。

profile
● 飯島先生

飯島先生ってだれ?

飯島先生は、凸凹学級の先生。てつおさん、ハイパーさん、こころさん、しずかさん、あかりさんの5人が13歳のときの担任。色とりどりの特性を持つ5人に、「将来どんなお仕事につこうかな?」「どうすれば得意が活かせて、苦手をカバーできるかな?」ということを考えるきっかけを与えてくれた。

飯島先生はどんな人?

三度の飯と同じくらい発達障害が大好き! 発達障害の子ども(人)独特の見え方や感じ方に対して、なみなみならぬ興味があるらしい。なので、ひと味ちがう発達障害の子どもたちに囲まれながら、日々うっとりしている。そして、聞かれてもいないのに発達障害について話し続けたり、鉄道運転手を志すてつお少年に「それは向いていないね!」とズバっと伝えてしまったり……。どうやら、先生自身にも「コミュニケーションがマイペース」という特性があるよう。

飯島先生は何をしてくれるの?

今回、凸凹学級から巣立ち、社会人となった5人が、久しぶりに飯島先生の元に集まった。話題は、みんなが職場の中で困っていることや苦労していることに集中! 目の中に入れても痛くないほどカワイイ教え子たちを、飯島先生が放っておけるはずがなく……。彼ら彼女ら自身が自分たちの苦手な部分を補っていくための対処法から、周囲の人に協力してもらうためのセルフアドボカシー(権利擁護)のスキルまで、親身になってアドバイス。さまざまな角度から、特性を活かしつつ社会で活躍していくための処世術を教えてくれる。

この本に登場する仲間たち

中学時代の仲間たち　8年ぶりの同窓会
みんなの社会人生活はうまくいってる？

ちわっす！
ごぶさたしてます
飯島先生

みんなが社会人になって、そろそろ半年がたつけど、仕事の調子はどう？

失敗もするけど、お友だちができて楽しい！

仕事でケアレスミスが多くて、ちょっと凹んでいます……

オレも、なんだかんだで、いまいち実力が発揮できないんだよなぁ

一生懸命やっているつもりですが、できてないことも多くて、周りに迷惑かけているんじゃないかと心配で

理不尽な指示や納得できない業務が蔓延しております。朝から晩まで、レベルの低い上司や、同僚と一緒に業務に当たらねばならないのですから、疲労困憊です

万全のパフォーマンスを発揮するためには、労働環境を整えてもらう必要があります
まぁ、まぁ

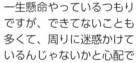
環境も大切だけど、自分でも工夫できることがあるかも。今日は、みんなの悩みを、ひとつひとつ検証してみましょう！

第1章

なるべく仕事を
うまくこなしたい

特性に応じた対策

あかりさんの場合
急に頼まれた仕事に対応できない

どうしてそうなるの？▶▶▶ 「作業がゆっくり」「段取りを決めるのが苦手」

急な仕事にも対応できるよう、余裕を持ったスケジュールを立てておこう！

終業前に急な仕事を頼まれたので、パニックになりました。

急に仕事を頼まれるということはよくあること。なので、予定をぎちぎちに詰めてしまうと、万が一のときに回らなくなってしまいます。そんなときのための「余裕」（バッファー）が業務時間の1割くらいあると安心。バッファーを持つのも仕事のうちなのです。

そうなんですね。急いで終わらせなければ約束に間に合わないとあせり、結局、ミスを連発してしまいました。もともと、予定の変更が苦手なんです。

突発的な仕事に対応する前に、まずは優先順位と段取りを確認します。即座に対応した方がいいのか、それまでの仕事を片づける方が先なのか、ケースバイケース。場合によっては、「少々お待ちください」と断り、先にそれまでの仕事を片づけてから、急な仕事に対応した方がいいことがあります。

新しい仕事をやってるうちに、前の仕事をどこまでやったか忘れてしまうことがあります……。

新しい仕事にとりかかる前に「どこから再開したらよいか」メモを残しておくことも大切です。今ある仕事を先に片づける場合も、新しい仕事の指示を忘れてしまわないよう、必要なことをメモしておきましょう。

🚩 急に頼まれた仕事に対応するためのポイント

- 急に頼まれた仕事にすぐに対応せず、まずは優先順位と段取りを確認する。
- 新しい指示や前の仕事を忘れてしまわないよう、「何を指示されたのか」「どこから再開したらよいか」など、メモを残しておく。
- 急な依頼に対応できるよう、バッファーを持っておく。

17

重要なメールを仕分け、周囲と情報を共有しながらやるべきことを確認しよう！

 うちの課は社内と外部との連絡窓口なので、毎朝何十通も新規メールが入ります。別の用事があると、対応している時間がなくなり、ついつい後回しにしてしまいます。

 限られた時間で、たくさんのメールを一度に処理するのはたいへんです。即座に緊急性、重要性を判断しなければなりません。効率的にメールを処理するためには、「メールのふり分け機能」を使い、重要なものから優先的に確認するクセをつけましょう。

 ひとつひとつ確認している時間がないときには、どうしたらいいんですか？

 メールを仕分けるポイントのひとつは、そのメールの送信者と受信者。だいじなお客さんからのメールなのか、上司や同僚も受信者として宛先に入っているのか、それとも自分だけに来ているメールなのか、それによって重要度、緊急度が変わります。

 お客さんから私だけに送られていた緊急メールがあったのですが、忙しくて、確認しないまま放置し、忘れてしまったんです。結局、対応が遅れ、お客さんからクレームがきました。上からもお客さんからも怒られ、もうさんざんでした。

 自分だけに送られたメールは、とにかくすぐアクションを求められているのかどうかを確認する必要があります。同時に、締め切りや期限がないかも確認しましょう。そして、すぐに対応できない場合や時間の猶予がある場合は、速やかに上司や同僚、部下と情報を共有します。メールを転送するだけでも UK。知っている人を増やすことで、最終的な抜け漏れリスクを防ぎます。

大切な仕事を後回しにしないためのポイント

- 送信者・受信者の情報から重要なメールを見分け、優先的に確認する習慣をつけておく。
- 何かアクションを求められていないか締め切りや期限の有無だけでも先に確認する。
- 処理漏れを防ぐため、上司、先輩、同僚などに共有しておく。

対処法　目標と実現するためのタスク（仕事や作業）を整理し、資料を参考に作業イメージをつかもう！

指示されても、何から手をつけたらいいのかわからず、自分の判断で動けないので困っています。忙しい上司や先輩に迷惑をかけると思うと、質問しづらくて……。

「何から手をつければいいかわからない」と感じたら、すぐに上司や先輩に相談しましょう。わからないまま放置すると、かえって迷惑をかけてしまいます。質問しなければ上司は「わかっているはず」と思っています。そのまま放置しても状況がよくなることはありません。最初はだれでも初心者なので、勇気を持って聞くスキルも大切です。

たしかにそうですが、初めてのことだと、どこから手をつけていいのか、何から聞いていいのかもわからなくて……。

まずは上司や先輩に、過去のチラシなど、参考になる資料があれば見せてもらいましょう。そのうえで、チラシをつくるためにどんなタスクがあるのか確認し、そのタスクを分解し工程を考えます。

タスクを分解するとは、どういうことでしょうか？

「たとえば、「部屋を片づける」という目標があるとします。散らかった部屋を全部一度に片づけることはできません。最初は雑誌や本を仕分け、いらない雑誌を捨て、本棚に整理する。本棚の整理が終わったら、洋服、終わったらCDというように順番に片づけていく必要があります。それと同じです。

チラシ作成のためには、例えば右のようなタスクがあります。

また、③には「デザインを考える」「タイトルを考える」「掲載するデータを確認する」「写真を集める」などのタスクがあります。ひとつひとつのタスクを付せん紙に書き出し、机に貼るなどしながら、工程を整理します。手をつける順番や流れを視覚的に整理することにより、タスクの全体像を具体的に理解することができます。

①参考になるチラシを集める
②チラシのイメージを考える
③チラシ案を作成する
④上司に校正してもらう
⑤修正する
⑥印刷する

ポイントは次ページに続く▶▶▶

手順を立てるためのポイント

- 何から手をつけてよいのかわからないときは、必ず上司や先輩に確認する。
- 付せん紙を使って机の上にタスクを貼り出す。
- タスク整理には、パソコンのテキストエディタなども便利。
- 付せん紙にタスクを書き出し、机の上などに貼って考える。

付せん紙を使って、タスクを整理してみよう！

たとえば、営業に行く準備では、「過去のやりとり確認」「ミーティングの日程確認」「提案資料作成」といったカテゴリーがあり、「提案資料作成」の下に「下調べ」「作成」「上司確認」「修正」「印刷」などのタスクがあります。これらひとつひとつを付せん紙に書き、紙の上や机の上に貼りつけていきます。

【付せんを使ったタスク処理】

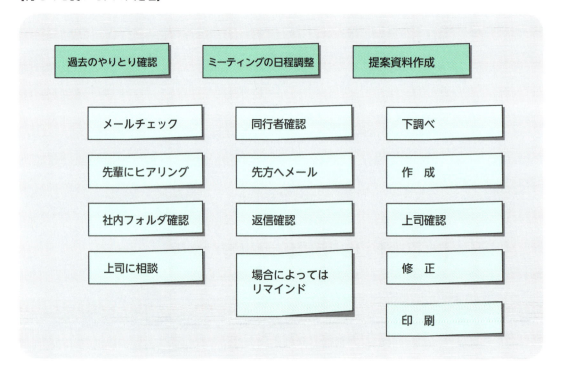

当事者インタビュー

年齢	**50代 男性**
業務内容	**IT 関係**
特性	**ADHD**

困っていること 「マルチタスクの時間管理ができない」

時間軸で考えることが苦手なので、「この作業にこれくらいの時間がかかる」という未来予測ができません。とくに複数の仕事を同じでやる場合の時間管理ができないため、計画が立てられなくて困っています。

私の解決策・ツール

Excel を使ってタスクを整理

それぞれの仕事（A, B, C…）のタスクを分解・細分化して入力。それぞれにかかる時間は予測が難しいので、締め切りを決めてしまいます。たとえば A-2 まで進み、そこから人に任せたり、中断したりした場合、A-3 以降は保留として、B に手をつけるなど、進み具合を見える化しながら管理しています。

【時間管理の例】

A プロジェクトのプレゼン			B 経費精算			C 会議資料作成	
(3/15 まで)			(3/20 まで)			(3/25 まで)	
A-1 企画立案	1日	済	B-1 レシート集め	120分	済	C-1 項目検討	1日
A-2 企画書作成	1日	済	B-2 細目の確認	120分		C-2 調査	1日
A-3 上司に確認	?		B-3 入力	180分		C-3 資料作成	1日
A-4 企画の修正	60分		B-4 経理に提出			C-4 上司確認	
A-5 資料作成	2日					C-5 資料修正	
A-6 上司に確認	?						

第1章 なるべく仕事をうまくこなしたい

てつおさんの場合
優先順位がわからず混乱してしまう

どうしてそうなるの？▶▶▶「何を優先すべきか判断できない」
「その仕事をしなかったらどうなるのか想像がつきづらい」

優先順位を考えるときは、緊急度と重要度 2つの軸で考えるクセをつけよう！

至急と言われたり、取引先を優先しろと言われたり。どうしたらいいのかわかりません。

この場合、緊急度より重要度優先です。重要なことを後回しにすることで、業務に支障が生じてしまいます。

じゃあ、そもそも緊急度と重要度はどう図るのですか？

緊急度は、締め切りや期限でわかります。重要度は①生命財産に関わること、②売上など会社の損失に関わること（その度合いの大きさ）、③相手（取引先など）の時間をとるものなど、優先順位を遅らせることでどんなデメリットが生じるのか想像し判断します。

今回のケースでは、どんなデメリットが考えられるというのでしょうか？

取引先の人は、てつおさんから、すぐに資料が届くのだと思い、メールを待っていたわけです。資料を受けとって見積もりをとる、上司に報告するなど、次のタスクを予定しているはず。てつおさんが優先順位を間違ったことで、取引先の人の計画が狂い、迷惑をかけてしまったかもしれません。上司や同僚から「至急」と依頼された仕事でも、あなたが今抱えている仕事より重要度が高いとは限りません。「至急」という言葉にすぐに反応するのではなく、冷静に今抱えている他の仕事と比較し、優先順位をつけて作業しましょう。自分だけで判断できない場合は、今持っているタスクについて上司に伝え、どちらを優先すべきか相談しましょう。それだけでぐっと仕事がやりやすくなるはずです。

 優先順位をつけるためのポイント

- ●「重要度」「緊急度」の2つの軸で、優先順位を考える。
- ●何を優先すべきかわからなくなったら、上司に聞いて上司に決めてもらう。

当事者インタビュー

- **年齢** 20代 女性
- **業務内容** 信用情報会社の校正事務
- **特性** アスペルガー症候群

困っていること 「質的なものの判断が苦手」

自分の体調や、仕事の状況、進捗など、質的な判断が苦手で、仕事を抱え込んでしまったり、無茶なスケジュールを立ててしまうことがあります。

私の解決策・ツール

❶ 表をつくり、視覚化して考える

「重要度」と「緊急度」を2軸の表をつくると比較がしやすく、図表化していくうちに少し基準や傾向が見えてくることがあります。

❷ テープ状の付せんを使い、メモをとる

テープ状になっており好きな長さで使える付せんを使って、メモをとります。普段忘れやすいことを書いて貼っておくのにも便利です。

❸ 体調や仕事の状況を数値化して記録しておく

手帳に点数化した体調や頓服の回数などを記録しておくと、後から体調の良し悪しやムラを見返すことができます。また仕事上、数値で記録できるものは記録しています。

【重要度と緊急度 2軸の表】

	緊　急	緊急でない
重要	締め切りのある仕事	人間関係づくり
重要	クレーム処理	準備や計画
重要	病気や事故	勉強
重要でない	突然の来訪	だらだらした電話
重要でない	セールスの電話	待ち時間
重要でない	無意味な接待やつき合い	ゲーム

【テープ状の付せん】

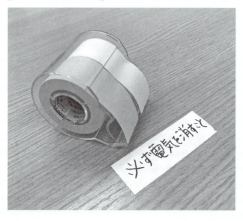

当事者インタビュー

- **年齢** 20代 男性
- **業務内容** 保険業の事務
- **特性** 広汎性発達障害

困っていること「優先順位がつけられず、作業が遅れる」

優先順位をつけるのが苦手で、臨機応変に対応することもできません。結果、前の作業が終わらず、どんどん作業が遅れてしまいます。

私の解決策・ツール

❶ 自分の作業マニュアルをつくって効率を上げる

すでにマニュアルがある場合でも自分でつくることにより、理解しやすくなります。さらに、作業をしながら効率化できるポイントなどを書き入れていきます。何度もマニュアルを確認していると疑似ルーティン化できるメリットもあります。

❷ To Do リストをつくる

To Do リスト（やることリスト）を「付せんアプリ」でつくり、パソコンのデスクトップに置いておきます。締め切り日を明記しておき、リマインダーを表示させています。

【デスクトップ上に「To Do リスト」】

第1章 なるべく仕事をうまくこなしたい

ハイパーさんの場合

苦手な仕事を後回しにする

どうしてそうなるの？▶▶▶「苦手なことにモチベーションが持てない」
「全体や将来を考えて自分の行動を考えるのが苦手」

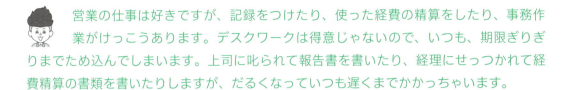

営業の仕事は好きですが、記録をつけたり、使った経費の精算をしたり、事務作業がけっこうあります。デスクワークは得意じゃないので、いつも、期限ぎりぎりまでため込んでしまいます。上司に叱られて報告書を書いたり、経理にせっつかれて経費精算の書類を書いたりしますが、だるくなっていつも遅くまでかかっちゃいます。

人間だれしも得意なこと、好きなこと、やりたいことがあります。同じように、苦手なこと、嫌いなこと、やりたくないこともあります。けれども、あなたが嫌いでやりたくないと思っている仕事にも、きっとだいじな意味があります。

わかるけど、苦手なデスクワークをやるより、営業の成績を上げる方が会社にとってもいいと思います！

仕事と趣味は違います。お金をもらって仕事をする以上、ときには苦手なことに取り組む必要があり、一定の成果が求められます。好き・嫌いや得意・不得意とは切り離し、「仕事は仕事」と割り切りましょう。締め切りまぎわにあわてて作業をすると、当然ミスも増えます。「締め切りまでにやればいいや」と後回しにするのではなく、どうせやらなければならないなら、優先順位を考えてなるべく早く確実に処理しましょう。

でも、モチベーションがないから、ついつい後回しにしてしまうんですよね……。

経費精算などは、締め日が決まっているはずです。いつまでにやらなければならないのかを逆算し、スマホやパソコンで、**「スケジュール管理」**を行ないましょう。

苦手な仕事に向き合うためのポイント

- 自分の好き・嫌いや得意・不得意とはいったん切り離して、「仕事は仕事」と割り切る。
- 後回しにするのではなく、まずはスケジュールをしっかり立てる。

Googleカレンダーでのスケジュール管理

即答できない場合は、時間をもらい、上司や先輩に確認してから答える習慣をつけよう！

 あいにく、質問された神社の件についてわかりませんでした。でも「わからない」と答えるのも申し訳ないと思われたので、「今上司の方で進めている」と推測で答えたのです。その後、上司から、「勝手なことをお客さまに言うな」と怒られました。

 上司、同僚、お客さんなど相手はだれであれ、自分がわからないことを聞かれた場合には、「わかりません」と正直に答えましょう。わからないことを曖昧にしたり、憶測で答えたりすることは相手にとっても迷惑かつ失礼。自分も必要のない責任を負うことになります。

 しかし、社会人として「わかりません」と返す方が失礼なのではないでしょうか？

 「その件についてはわかりかねますので、確認して後ほどご連絡します」と答えることができれば、対応のバリエーションが広がります。即答できない場合は「少々お待ちください」と断ってから保留にし、考える時間をもうけます。落ち着いて整理し、答えられることは答え、答えられないことは上司や先輩に確認してから、答える習慣をつけましょう。

 なるほど。その手がありましたか！

 確認したことをメモするのもだいじ。ノートを2分割し、左側に聞かれたこと、右側にその後確認してわかったことを書いておけば、次の対応のときに正確な対応ができます。

確認ノート

臨機応変に対応するためのポイント

- 即答できない場合は「その件については確認して、後ほどご連絡します」などと伝え、先輩や上司に確認する習慣をつけよう。
- 次の対応に備えて、確認してわかったことは必ずノートなどにメモしておこう。

第1章 なるべく仕事をうまくこなしたい

しずかさんの場合
メモをとろうとすると時間がかかる

どうしてそうなるの？▶▶▶「文字を書くのが苦手」

話を聞く・書くという作業は分割する。難しければ音声メモを活用しよう！

 上司からいきなり指示をされると、メモをとる余裕がありません。ぼくの場合、字を書くのが苦手で、時間がかかります。

 まず、**「首からかけられるノート」** を活用しましょう。すぐにとり出せるので、メモをとりたいときあわてなくてすみます。字を書くのが苦手な人は、筆圧が弱くても大丈夫な **「卓上ホワイトボード」** を活用するのもいいですね。

 あせっていると、ますますミスしてしまいます。

 できれば周囲に協力してもらい、聞く・書くという作業を分けて行なうのがおすすめ。指示を出されたら、聞きっぱなしにせず「ボルトの M12 × 1.25 を 10 パックですね」と復唱します。復唱しながら内容を書きとめます。そのとき、ボルトは「ボ」など、よく使うキーワードは記号化し「ボ M12 × 1.25 を 10」など、ポイントだけメモします。

 数字を聞きとるのが苦手なので、書いてるうちにどんどん混乱します。

 最近はスマートフォンにも、録音した音声をテキストにすることができる **「音声メモ機能アプリ」** があります。メモがとれないときには、音声メモを活用しましょう。

 上手にメモをとるポイント

- 首から下げるノートを活用するなど、すぐにメモがとれる工夫をする。
- 話を聞く・書くという作業を分けて行なう。
- 指示を出されたら復唱し、復唱しながら、復唱している内容をメモにとる。
- 書く内容自体を簡略化し、仕事でよく使うキーワードは記号化する。
- スマートフォンの音声入力などを使う。

 首からかけられるノート　 音声メモ機能アプリ

33

第1章 なるべく仕事をうまくこなしたい

てつおさんの場合
細部や間違いが気になり仕事が遅れる

どうしてそうなるの？▶▶▶「求められていることが理解できない」
「自分の価値感と上司・顧客の価値感の違いに気づきづらい」

対処法 求められていることや締め切りを確認し、上司の指示に沿って行なうことがだいじ！

 完璧な資料を作成したにもかかわらず、上司には「急ぎだった」と叱られました。とても納得できません。

仕事では、やりたいことをやりたいようにやるのでなく、やるべきこと（会社・上司が求めていること）をやるべき形（会社・上司が求める形〈期限・精度など〉）で行なうことが基本。状況・上司によって要求はさまざまです。ゆっくりでいいから正確にという仕事もあれば、とにかく急いでという状況もあります。仕事に当たる前に、上司や会社が求めていること・期限などを確認し、自分がやるべきことや優先順位を理解することが大切です。今回のケースは、迅速に送ることが優先される仕事だったのでしょう。

 いくら急ぎでも、あんな中途半端な資料を提出するなんて、ありえません！

上司からすると、てつおさんが指示した以外の作業を行なうことは想定外だったはずです。いくら善意でも、上司がつくった書類を、勝手に改編するのはNGです。指示にないことを行なう場合は、必ず上司の許可をとりましょう。「情報を補足したいのですが、かまわないでしょうか？」と提案し、許可を得てから作業を進めます。

 そんなことに時間を使うのは、ばかばかしくないでしょうか。

 上司の指示どおりの作業を行なっていれば、何かトラブルが起きても上司がカバーしてくれるはずです。つまり、上司の指示に従っていなければ、その責任はてつおさんが負うことになりかねないのです。

仕事をスムーズに進めるためのポイント

- 仕事を命じられたら、求められていることや期限などを確認し、理解する。
- 上司に命じられた以外のことを行なう場合は、必ず許可をとる。

当事者インタビュー

年齢 20代 男性
業務内容 建設メーカーの一般事務
特性 自閉症スペクトラム

困っていること　「指示に対して作業のイメージがわかない」

「××を打ってください」「片づけてください」と指示されても、何をやっていいのかわかりません。たとえば、書類を発送する仕事で、フォルダの中から必要な書類を探し出し、送り先に合わせて発送できるよう書類を整理し、印刷してそれぞれに送るという工程がありました。ところが、ひとつひとつの作業について確認不足だったので、作業が抜けたり、書くべきことを忘れたりして、ミスしたものを全部捨てるはめになりました。

私の解決策・ツール

❶ 指示をすべて必ずメモにする

だいじな作業が抜け落ちないよう、作業や指示をひとつひとつパソコンの「付せんアプリ」を使い、自分でわかるよう作業に順番をつけます。全体の流れを確認してから、どこから手をつけるか考え、着手します（27ページ）。

❷ できた作業にマルをつけ確認

できた作業に〇をつけて確認する習慣をつけています。

❸ わからないことは付せんに書き出す

仕事をやっている途中、わからないことがあったら、付せんに書き出します。上司の説明不足だったり、自分がかん違いしたりしている可能性もあるため、わからない部分には手を出さず、指示を仰いでから進めます。

❹ 解決できないことは、素直に人に聞く

自分の理解不足は受けとめ、指示を正しく理解し遂行できることを人一倍心がけています。

【付せんに書き出す】

当事者インタビュー

年齢 30代 女性
業務内容 広告関係の総務＋イベント告示ポスター制作
特性 ASDグレーゾーン

困っていること 「体調管理が難しい」「仕事の優先順位がつけられず予定の管理が苦手」

気候の影響を受けやすく体調管理が難しいのが悩みの種です。

また、短期記憶が弱いため、同時に仕事が何件も入るとわからなくなります。とくに急な変更や突発事項に対応できず、優先順位がつけられません。

私の解決策・ツール

❶ スマホアプリ「頭痛ーる」で、頭痛を予測

気圧の変化により頭痛アラートを発信してくれるアプリ「頭痛ーる」を活用しています。頭痛アラートが出ているときには仕事をつめこまないよう自己管理。予測ができることで、パニックも防げます。

❷ 会社内＆家族内のスケジュール管理にクラウドを活用

「Googleカレンダー」（29ページ）などのオンラインカレンダーを会社内＆家族内で共有し、あらかじめ傾向を知り対策を行なっています。週の頭にデジタルカレンダーを確認して、スケジュール帳にも書き込んでいます。

❸ 抜け漏れを防ぐためメモを持ち歩き、案件はクリアファイルで管理

バラバラにして使えるA5サイズのメモを持ち歩いています。また、細かい案件が無数に入ってくるので、1件ごとにクリアファイルをひとつ割り当て、時系列に並べて整理しています。また、「備品打ち合わせの件だけど」と言われたときに、目的ファイルが探し出せるよう、「ポスター5月」「備品管理」など付せんインデックスに件名を書いて貼っています。

【クリアファイルで時系列に整理】

頭痛ーる ▶▶

> **対処法** できることは自分で進め、ポイントをしぼり
> 相談しながら、判断しよう！

課長が「探せ」って言うので、ネットで調べて会場を探し、予約しました。課長に報告したら、「指示と違う」と言われてしまいました。「自分勝手に動く前に、相談しろ」と注意されましたが、係長に言われたことと話が違うので、納得できません！

職場は、忙しい日もあれば余裕のある日もあります。業務によってもそれぞれ性質があり、急ぐべき仕事もあれば、時間がかかっても正確に仕上げるべき仕事もあります。上司にも性格があり、こまめな相談・報告を求める人もいれば、放任主義な人もいます。状況が把握できないと、今回のようなケースになってしまうのです。係長は忙しかったので、ついついハイパーさんに丸投げしてしまったのでしょう。

でも、音響設備のある会場じゃなければいけないことくらい、あらかじめ教えてくれたらいいのに……。

質問の仕方の問題ですね。「どんなところがいいですか」などあいまいな聞き方だと、あなたが何を知りたいのかポイントが伝わりません。相手も忙しいと、「自分で考えろ」となるわけです。この場合なら、「予算」「必要な設備」など具体的な項目を確認しておくべきです。

会場を探すのは初めてだったので、何を質問していいのかさっぱり……。

まずは可能な限り自分で調べて、上司に確認しなければならないポイントをしぼります。「選択肢はＡとＢで、Ａが第一候補ですがそれで大丈夫でしょうか」という質問ができるようになると相手の時間をとらせずにすみ、回答ももらいやすくなります。

 上手に相談しながら、判断するためのポイント

- まずは自分で調べるなどし、上司に確認するポイントをしぼる。
- 相談・質問はできるだけ具体的に。選択肢を挙げられるとベスト。

ひとつの仕事が完了したら上司に報告し、次の業務の指示を受けよう！

 図書館に行って必要な資料を調べた後、新聞を読んでいたら、通りかかった先輩に怒られました。調べものが終わったらすぐ戻るようにとは指示されておらず、新聞を読むのは社会勉強になるから仕事にも役立つはずだし、なんで怒られるのか納得できません。

 あらあら。まず仕事が終わったら必ず報告をしましょう。完了した仕事に関することと、「何時に帰ります」など次の予定をあわせて報告できるといいですね。

 報告については、今後、気をつけます。けれども今回は、「すぐに戻れ」とも言われていなかったし、次の仕事の指示も受けていませんでした。

 社会人として「言われたこと以外のことはしない」という姿勢はちょっと問題です。完了報告をする際、次にやることが見当たっていなかったら、その旨もあわせて伝え「次にどうしたらいいですか？」と指示を仰ぎましょう。

 上司の指示がない場合は、新聞を読んでも、別に問題ないんですよね？

 業務時間内に、自分で判断して勝手に仕事を休むのはNGです。てつおさんが気づいていないだけで、仕事がたくさんたまっている場合、周りから反感を買ってしまいます。仕事を指示するのは基本的には上司ですが、忙しいなどの事情で上司が次の仕事の指示をくれない場合もあります。そんなときに、掃除、必要書類のコピー、整理など、緊急度は低いけれども必要な仕事をしてもよいか、自分から提案できると株が上がりますよ。

 職場で勝手な行動をとらないためのポイント

● 仕事が終わったら上司に報告をして、次の指示を仰ぐ。
● 上司が指示をくれない場合は、自分で仕事を見つけ、提案する。

41

対処法　「いつ」「だれと」「どこで」「何をするのか」読みとることがポイント！

仕事の指示がメールで来るのですが、文字がいっぱいでわけがわかりません。上司は「メールで指示を出した」って言うのですが、わかっていないから怒られます。

メールやマニュアルなどの文章を読むのが苦手な人は、パソコンやスマートフォンの**「音声読み上げ機能」**を使いましょう。文字を目で追っているだけでは頭に入らない場合でも、読み上げてもらい視覚＆聴覚から同時に情報をインプットすれば、理解しやすくなります。

使ってみたことがあります。短い文章なら大丈夫なのですが、長い文章になると、やっぱりわからなくなります。

可能なら、慣れないうちはメールではなく、写真や図入りのマニュアルを見ながら直接、説明してもらうようお願いしましょう。「いつまでに」「だれと」「何をするのか」というポイントを箇条書きで示してもらえると、わかりやすいはずです。

　慣れてきたら、長い文章の中からも、そのポイントを読みとるよう練習しましょう。自分で「業務理解シート」（44ページ）をつくってみるのがおすすめです。メールや指示の中から、「いつまでに」「だれと」「どこで」「何をするのか」を見つけ出し、具体的に書き出します。今回の場合は「清掃作業開始前」「本館地下1階の105号倉庫」「庶務の田中さん」「補充する備品を預かる」ですね。その際に、確認先・相談先はだれかもメモしておくと便利ですよ。

▶ 業務指示を理解するためのポイント

- 長い文章や書類を読むのが苦手な人は、パソコンやスマートフォンの音声読み上げ機能を使う。
- 可能なら、写真や図入りのマニュアルで指示してもらう。
- 慣れてきたら「いつ」「だれと」「どこで」「何をするのか」を明確にし、「業務理解シート」をつくる。

第1章 なるべく仕事をうまくこなしたい

業務理解シート

メモ（具体的に、5W1Hを意識して）

月　　日（　　）

＜メモのポイント＞

①だれからの指示？

②何の仕事？

③準備は何をする？

④いつまでに仕上げる？

⑤作業完了したらだれに報告する？

アクション（やること）

☐ メールを出す（　　　　　さんに）	☐ 資料を探す
☐ カレンダーに入力	☐ 保留する（　　　　　まで）
☐ 電話をかける（　　　　　さんに）	☐ メモを作成する
☐ その他（　　　　　　　　　　　　　　　　）	

備忘（次に同じ作業を行なうときのため、参考情報や改善すべき点を記載）

44

第2章

なるべくミスや
うっかりをなくしたい

集中力・注意力対策

第2章 なるべくミスやうっかりをなくしたい

こころさんの場合
一斉指示だと集中できない

どうしてそうなるの？▶▶▶「特定の物事に注意を向け続けるのが苦手」
「ポイントをつかみながら人の話を聞くことが苦手」

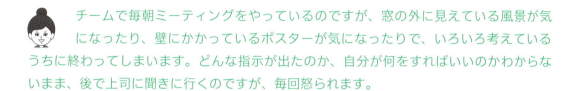
対処法 一斉指示は、できるだけ前列で、ポイントだけでもメモをとりながら聞こう！

 チームで毎朝ミーティングをやっているのですが、窓の外に見えている風景が気になったり、壁にかかっているポスターが気になったりで、いろいろ考えているうちに終わってしまいます。どんな指示が出たのか、自分が何をすればいいのかわからないまま、後で上司に聞きに行くのですが、毎回怒られます。

 集中力が続きにくい自覚があるなら、できるだけ前に立つようにしましょう。そして、ただ聞いているだけでなく、話している相手を見てメモをとる習慣をつけます。

 メモをとろうと努力したこともあるのですが、話が長いとポイントがつかめなくなり、何を書いていいのかもわからなくなってしまいます。

 自分が重要だと思ったワードを書きとめるだけでもいいのです。完全に聞きとれなかったとしても聞こうとしている姿勢を見せることがだいじ。メモをしておけば、後から上司や先輩に質問・相談するときにも、役立つはずです。

 たしかに！　いつも、何を質問すればいいのかさえ、わからないんです。

 一斉に指示される内容は、多くの場合、文書でも知らされています。ポイントさえメモしておけば、文書を検索したり調べたりすることも可能なはず。それでもわからないときは、だれに聞けばよいかだけ確認しておくと便利です。

🚩 一斉指示を理解するためのポイント

- 集団の後ろに立たず、できるだけ前に立つ。
- 話している相手を見て、ポイントだけでもメモをとる。
- 一斉指示の文書資料を、後から必ず読み返しておく。

対処法 「わかった」と「できる」は別物。マニュアルを使ってインプットしよう！

この間、見積書を提出する手順を先輩から教わりました。話を聞いているときは理解していたんですが、いざやろうとするとどうすればいいのかわからなくて……。それで結局、また先輩に聞くことになり「教えたのに」って怒られました。

新しい仕事を教えてもらうときや、説明を聞くときには、たとえ簡単な工程でも、その場で覚えるだけではなくメモをとるのは必須。そのときには覚えているつもりでも、後からわからなくなることが想定できるからです。自分を過信してはいけません。そして、できれば、箇条書きにしたマニュアルをもらいましょう。マニュアルを見ながら説明を聞けば、手順を理解しやすいはずです。

後から記憶をたどっても思い出せないことが多いから、メモやマニュアルがあると便利ですね！　ただ、メモだけだと不安です。マニュアルがない場合はどうしたらいいですか？

スマートフォンなどのデバイスには、**「音声をテキスト化する機能」**があります。説明を聞くときには、この機能を使い、視覚と聴覚双方でインプットできるとベストですね。テキスト化されたものを箇条書きにするなど、自分でマニュアル化すれば、さらにインプットされやすいはずです。

▶ 口頭での説明を覚えるためのポイント

- たとえ簡単なことでも、その場で覚えるだけでなく、必ずメモをとる。
- マニュアルを見ながら説明を聞く、文書でもらう。
- スマートフォンなどのデバイスの音声テキスト化機能を活用する。

49

こころさんの場合
作業に集中できない

どうしてそうなるの？▶▶▶ 「記憶の保持が苦手」「周囲が気になりやすい」

対処法 毎日の目標や予定を立て、定期的に進捗を確認するクセをつけよう！

デスクワークに集中するためには、目標や予定を立てることがだいじですね。たとえばデータの打ち込みなら、午前50件、午後50件など目標を立てて、取り組みましょう。

予定どおりに進めようと思っても、上司から別の仕事のことを聞かれたり、他の問い合わせに対応していたりすると、そもそも何をやろうとしていたのか忘れてしまいます。

話しかけられたら集中力がとぎれ、別のことに興味が移ってしまうこともあるかもしれません。対策として、1時間ごとなど時間を決めて、自分の作業を確認するようにしましょう。そうすれば、たとえずれても最長1時間で、元の作業に戻ることができます。

ついつい夢中になり時間を忘れがちなので、タイマーをかけるようにします。とくにパソコン作業をしていると、つい他のウェブサイトが気になって別のことを調べ始めたり、友だちからのメールやSNSをチェックしたりしてしまいます……。

仕事中に、業務に関係のないサイトを見るのは厳禁。個人のメールやSNSを見るのもNGです。気が散るのを防ぐため、使わないタブは閉じるクセをつけましょう。

自分でも気をつけたいと思っているんですが……。

座って作業をしていると、リラックスしすぎてふとしたときに気が抜けて他のことに目が移ってしまいやすいので、立って仕事をすると集中力が上がる人もいます。集中できる作業スタイルを身につけたいですね。あまりに気が散って仕事に大きな支障がある場合は、処方薬（服薬は医師の診察、処方が必要です）を使うというのもひとつの手段です。

ポイントは次ページに続く ▶▶

作業に集中するためのポイント

- 立ったまま作業するなど、集中できる作業方法を身につける。
- パソコンを使って作業をする際、使わないタブは閉じる。
- 特性上どうしても集中が継続できない場合は、服薬を検討する。

作業に集中するために便利なツール

●スタンディングデスクで緊張感を保つ

　座って作業をしていると、ついつい業務用のパソコンでインターネットを見てしまったり、「考えごと」という名の空想に没頭してしまったりすることがあります。立った状態で作業ができる「スタンディングデスク」があれば、そこで仕事をしましょう。立ち上がっていることによる適度な緊張感で集中力をアップすることができます。

【スタンディングデスク】

当事者インタビュー

- 年齢 20代 男性
- 業務内容 不動産業の一般事務
- 特性 ASD・ADHD

困っていること 「集中力を保てない」「仕事内容を間違えることがある」

集中力が続かないのが悩みの種です。また、作業の内容などを勘違いしてしまうことがあります。

私の解決策・ツール

1. 集中力が保てるよう適度な休憩を入れる

集中力が続かない場合は、見切りをつけてトイレへ行って休みます。また、スマートフォンの「タイマー機能」で作業時間を区切り、疲れすぎないよう時間管理に注意しています。

2. 複数の文脈やアプローチで考えるクセをつける

ひとつの案件に対し、必ず「A：自分の思うこと」と異なる「B」「C」の3とおりを頭の中で用意し、相手とのやりとりの中で、どれが正しい理解なのか判断するよう心がけています。

タイマー機能

対処法 調整する力を身につけ、それでもダメなら音や刺激をさえぎる道具を使う相談をしよう！

職場がうるさすぎて困っています。締め切りに間に合うよう残業までしてがんばっているのに、くだらない雑談をしてる人がいると腹も立ちますよ……。

感覚の感じ方は人それぞれです。てつおさんは人一倍、繊細なのだと思います。世の中は多数派の感覚に合わせてつくられているから、他の人には普通の環境でも、てつおさんにはうるさすぎたり刺激が強すぎたりするのかもしれません。

他の人はあんなガサツな環境が平気だなんて、信じられません……。

感覚過敏が強くなるときは、その他の不調が原因である場合が少なくありません。たとえば仕事が多すぎたり、睡眠が少なすぎたり、ストレスは感覚過敏が強くなる原因になります。原因をつきとめ、まずは自分で調整する力を身につけましょう。

たしかに、締め切りに間に合わず残業が続いたときや大切なプレゼンの前は、とくに音が気になりイライラします。些細なことで同僚にキレてしまうのも、そんなときです。

仕事に支障がある場合、デスクの周りにパーテーションを立てたり、音をさえぎるイヤーマフやノイズキャンセリング機能つきイヤホンなどを使ったりするのも選択肢のひとつです。

なるほどー。これは、自分の世界に入り込めてよさそうですね。

ただし、職場によってはNGな場合もあります。合理的配慮(*)として主張してよいことですが、まずは上司と相談してみましょう。それから、感覚過敏の対策だけをしていても表面的な解決にしかならない場合が多いことは、忘れないでくださいね。さきほど伝えたように、自分で調整する力をつけていくことも大切です。

*合理的配慮：障害者から何らかのサポートを求める意思の表明があった場合、過度な負担にならない範囲で、必要な配慮を行なうこと。

ポイントは次ページに続く ▶▶

🚩 刺激を減らし仕事に集中するためのポイント

- 感覚過敏の原因を考え、ストレスマネジメントを行なう。
- 音に対する過敏があるなら「イヤーマフ」や「ノイズキャンセリング機能つきイヤホン」、光に対する過敏なら「サングラス」などの道具を使う。
- 「パーテーションを立てる」など情報をさえぎるための対策を、職場の上司と相談する。
- 「感覚過敏チェックシート」で自己管理を行なう。

【イヤーマフとパーテーション】

【ノイズキャンセリング機能つきイヤホン】

感覚過敏チェックシートでチェックしよう

　過敏が強いと感じるときに、自分の体調や睡眠時間、疲労感、最近の出来事などを客観的にチェックしてみましょう。「まったくない」を0点、「ときどきある」を1点、「頻繁にある」を2点として、点数をカウントしてみます。

　感覚に凸凹がある可能性をチェックするためのチェックシートなので、感覚過敏の有無を診断することはできません。感覚に関するストレスが強く生活に支障がある場合は、医療機関などに相談しましょう。

感覚過敏チェックシート

	まったくない (0点)	ときどきある (1点)	頻繁にある (2点)
キーボードをたたく音や機械が動く規則的な音が聞こえると、気が散ってしまう。			
上司や同僚から「声が小さい」と指摘されることがある。			
上司や同僚に声をかけられても気づかないことがある。			
上司や同僚から、声が大きいと指摘されることがある。			
LEDや蛍光灯などの人工的な光、強い光があると目が疲れる。			
広々としたオープンスペースで作業するよりも、狭い空間で作業する方が好き。			
PCを使って仕事をする際、やたら目が疲れる。			
上司や同僚と話をする際に、相手の目を見ることが難しい。			
他人が作業をしている様子を目で見て覚えるのが苦手			
自転車、自動車などを運転する際にスピードを出し過ぎる傾向がある。			
じっとしていることが苦手で、「落ち着きがない」と上司や同僚に指摘されることがある。			
他人から肩を叩かれることや、握手することが苦手			
人が近く（手を伸ばせば届くくらいの距離）にいると落ち着かない。			
物にぶつかったり、押し倒してしまったりすることがある。			
食品の臭い、タバコの臭い、香水の臭いなどがとても気になる。			
周囲の人が気になるという臭いがあまり気にならない。			
食べ物の好みとして、辛いもの、酸っぱいもの、塩辛いものなど刺激の強い味付けが好き。			
子どものころから食べ物の好き嫌いが激しく、今もあまり変わらない。			
なかなか寝付くことができず、睡眠が不規則になりがち。			
机の上、PCのデスクトップなどが整理できず散らかっている。			
合計			

0点～10点 ：感覚に関するストレスをあまり感じない傾向にあります。
11点～20点：感覚に対する刺激が原因でストレスを感じることがあるかもしれません。
21点～40点：感覚過敏や感覚鈍麻の傾向があるかもしれません。ご自身がどのような状況を苦手に感じるのか理解をして、具体的な対策を考えてみましょう。

対処法　ミスを防ぐため、パソコンやモバイルなどICT機器を最大限に活用しよう！

もともと数字が苦手なんです。経費の精算に、人一倍、時間がかかります。それなのに間違いが多くて、本当に困っています。

仕事では、数字、とくにお金に関わることはより慎重さが求められます。数字は必ず読み上げるクセをつけましょうね。とくにケタ数は必ずチェックして。計算が必要な場合、暗算に頼らずに、電卓などを活用しましょう。

電卓も使っているし、数字は毎回、1ケタずつ数えているんですが、間違いが減りません。とくに計算ミスが多いのです。

しずかさんのように学習障害が顕著でケアレスミスが多い人は、パソコンやモバイルなどのICT機器を最大限に活用することで、ミスを減らすことができます。長い計算は電卓ではなくエクセルなどの表計算ソフトを使いましょう。もし入力ミスがあったとしても、パソコンのデータを後から確認することができますし、修正も簡単です。

それは便利ですね。だけど、数字だけではなく、買ったものの名前や出張先の駅名も間違えます。他の書類でも、誤字・脱字が多くてしょっちゅう怒られます。

書類はWordなどのワープロソフトの**「文章校正機能」**でチェックしてから提出するクセをつけましょう。とくに、外部に提出する書類は自分で校正した後、親しい先輩にダブルチェックしてもらい職場に迷惑をかけることを防ぎます。

計算間違いや誤字・脱字を減らすためのポイント

- 数字は読み上げながら確認する。とくにケタ数は必ずチェックする。
- 暗算に頼らず電卓を使う。計算ミスが多いなら、表計算ソフトを使う。
- 誤字脱字のチェックには、ワープロソフトの文章校正機能を使ってみよう。
- 上司もしくは親しい先輩にダブルチェックをお願いする。

当事者インタビュー

年齢 30代 男性

業務内容 医療機器メーカーの事務

特性 ADHD

困っていること 「衝動的に対応してしまう」「入力ミスが多い」

指示が3つあるのにひとつだけ読んで返信してしまうなど、メールを途中までしか読まずに対応してしまいます。また、文書の打ち間違いが多いのも課題です。

私の解決策・ツール

❶ メールは最後まで読んだことを確認してから返信

マーカーのように印をつける「ハイライト機能」を使い、メール文を黄色で追いながら、最後まで読んだことを確認してから返信する習慣をつけています。

❷ ホットキーを活用

ファイルを開くとき、目で見ると間違ったキーを押して作業効率が悪いため、「ホットキー（ショートカットキー）」を多用し、指感覚を頼りにしています。

❸ よく使う用語は辞書ツールに設定

「ATOK」や「MSIME」の辞書ツールで、よく使う専門用語やフレーズを単語登録しています。

お	⇒	お世話になっています。
あ	⇒	ありがとうございました。

❹ 注意やアドバイスは文字情報で伝えてもらう

職場の人から口頭でネガティブな注意をされると混乱してしまうので、ネガティブなアドバイスや指示は、文字情報でもらうよう頼んでいます。文字情報だと落ち着いて読み返すことができ、よく理解できます。

○○さん
お疲れさまです。
データ入力文書の項目名に
5ヵ所ミスがありましたので
確認修正をお願いします。
2019.9.11　△△△

当事者インタビュー

年齢 30代 男性
業務内容 インテリア雑貨メーカーの経理
特性 自閉症

困っていること 「入力間違いが多い」「情報共有が困難」「タスク管理が苦手」

数字の入力間違いが多く困っています。また、伝える能力に問題があるらしく情報共有が難しいという課題があります。

さらに、スケジュール管理やタスク管理が苦手で、締め切りや打ち合わせを忘れてしまうことがあります。優先度が同じような仕事が並ぶと、どちらを先にしたらいいかわからず、ひとつひとつに集中できません。

私の解決策・ツール

❶ 数字の入力間違いが起こったら原因を分析

要因を分析し、間違いやすい点をまとめておいて、次からは同様の間違いをしないように注意しています。

❷ 理解がかけ離れないよう、資料やメモを介して確認

紙に書いたり、資料を使ったり、何か共通に見るものを介して、理解がかけ離れないよう確認します。

❸ スケジュールはOutlookの予定表で管理し、1時間ごとに業務を区切る

「Outlookの予定表」で仕事を管理しています。簡単に全体を確認できるし、「アラート機能」を使えば、忘れることも予防できます。

また、1時間ごとに業務を区切り、いったん全体を見直すクセをつけています。他の業務に移らなければならない場合や、他の仕事が割り込んだときには、付せんを貼るなど進行状況を明確にしてから、現在の業務をいったん終了します。

❹ 仕事の能率を上げるため、体調管理＆気分転換を心がける

仕事に集中するためには体調管理が重要なので、土日は好きなこと（ex. クラシック音楽を聴く、美術館・博物館めぐり）などをして気分転換。昼休みも散歩などして、できる限りリフレッシュしています。

Outlookの予定表▶▶

> **対処法** 整理整頓を心がけ、身の回りの紙資料は
> できるだけ電子化して管理しよう！

しょっ中、ものが行方不明になります。仕事で使うノートや筆記用具がどこかにいっちゃうのはいつものことだし、だいじな書類を失くして真っ青になったのも一度や二度ではありません。どうやったらものをなくさないようになるんでしょうか。

ものの整理は仕事の基本。整理を面倒くさがると、結局探すことに時間がさかれてしまいます。まず心がけておきたいのは、ものを使って用がすんだらそのままにせず、元あった場所に戻すことを習慣づけましょう。

元あった場所に戻しているつもりなんですが、そもそもデスクが散らかっていて、必要な書類などを探すのに苦労しています。

紙資料にもメリットはありますが、場所をとります。また、大量な紙資料の山から、必要な資料を探すのはたいへん。なので、スキャンしてデータ化できる環境なら、電子化して管理しましょう。配布される会議資料や研修資料は、社員の共有資料として保存されている場合があります。共有のものがあるのなら、手元の資料は捨てましょう。

整理が苦手なので、だいじな資料を捨ててしまい後から困ることがないか心配です。

すぐ捨てると困りそうなものや判断がつかないもののために「ゴミ箱1個前BOX」をつくりましょう。中身は定期的に確認し、使わなかったものは捨てるルールを決めれば安心です。

だいじなものを紛失しないためのポイント

- そのときはやや手間でも、いちいち同じところに戻す。
- 資料はなるべく紙ではなく電子データで保持・保管し、フォルダやタグで整理する。
- 「ゴミ箱1個前BOX」をつくり、定期的に確認し、廃棄する。

対処法 ミスを防ぐための環境を整え、読み上げチェックの習慣をつけよう！

備品の発注をするときに、在庫を確認し、表をエクセルに入力する手順で作業をしているのですが、ミスが多くて困っています。

いつも、どんな状態で入力していますか？　まずはミスの原因を分析し、ミスを防ぐため環境を整えることが重要です。たとえば、メモを見ながらエクセルに入力するためには、「メモを見る」「パソコンに打ち込む」という眼の動きが必要。できるだけ、眼の動きが少なくてすむよう工夫してものを置きましょう。

メモを見ながら入力していると、どこまで作業したかわからなくなります。

メモを参照しながら入力を行なうときは、**「データホルダー」**と呼ばれる書類ばさみを使いましょう。読んでいる行にガイドを当てることで、読み間違いが減ります。また、文章をチェックする場合は、必ず声に出して読み上げましょう。黙読しているだけでは気づかない間違いに気づくことができます。

一生懸命読んでも文章が頭に入ってこないんです……。

それは「見る力」が十分鍛えられていないのが原因かもしれません。「見る力」を強める手法として**「ビジョントレーニング」**があります。視力とは別に、視機能という「見たものを認識する力」を育てるためのトレーニングです。自分でビジョントレーニングができる本もあるので、興味があれば試してみてください。

データ入力のミスを防ぐためのポイント

- チェックの際は、必ず文章を読み上げる習慣をつける。
- 目の動きが少なくてすむように物理的環境を整える。
- データホルダー（書類挟み）を使ってみよう。
- ビジョントレーニングが効果的かも。

当事者インタビュー

年齢	**20代 女性**
業務内容	**信用情報関係のサービス業の校正事務**
特性	**アスペルガー症候群**

困っていること 「ものがなくなる」「管理できない」

ものの管理が苦手なので、だいじなものを紛失したり、探せなくなってしまったり、仕事に支障をきたすことがありました。

私の解決策・ツール

❶ Kindle Fire で電子データを一元管理

仕事のために読んでいる本も、資格のための参考書も、趣味の漫画や本も、できる限り電子書籍で買い、「Kindle」（電子ブック対応のタブレット）に入れています。ちょっとしたメモなどもここに入れることを検討しています。

❷ 大きい手帳とメモ帳で、すべてを管理

メモや予定の管理は、「ほぼ日手帳のカズン」（A5で月・週・日の3つのパターンがある）と、同サイズのメモ帳の2つを使っています。月ページに予定、週ページは体調などの記録、日ページは金銭出入・服装・To Doなど、仕事もプライベートもすべてひとつの手帳に書いています。日時に依存しない情報はもうひとつのメモ帳に書き、請求書などは手帳のポケットに入れて、一緒に管理しています。

❸ だいじなものは大きなポーチに入れる

障害者手帳、印鑑、通帳、マイナンバーカードなどはまとめて同じポーチに入れています。カバンの中で見つからないとあせってしまうので、暗がりでも目立つ黄色にしています。

❹ スマートウォッチを活用

スマホに届いたリマインダーやメールを振動で教えてくれる「スマートウォッチ」（多機能な腕時計型のデバイス）を使っています。スマートウォッチからも「OK！」「ちょっと待ってね！」などスマホに登録済みの短文なら LINE などの返信ができるので便利です。また、スマホを置き忘れると Bluetooth との接続が切れるので、スマホを失くすのを防げます。

ほぼ日手帳のカズン ▶ ▶

当事者インタビュー

- **年齢** 30代 女性
- **業務内容** 派遣で事務補助（データ起こしなど）
- **特性** 未診断・ADHDの傾向・抑うつ気分

困っていること 「ケアレスミス多い」「やるべきことを忘れる」

ミスやもの忘れが多くて困っています。また、ストッキングやパンプスはできれば履きたくないと思っています。

私の解決策・ツール

❶ 強粘着の付せんを使い、やるべきことを管理

会社の普通の付せんでは、すぐはがれて使えないので、強粘着の付せんにやるべきことを書いて貼っています。

❷ だいじなものは、紛失しないようカバンにつなぐ

定期はリュックにヒモでつなげています。

❸ 仕事中だけ、服装に注意する

パンプスは「丸井のラクチンシリーズ」を使っています。会社に置いておき、仕事中だけは履き替えています。

[ヒモがついた定期]

67

> **対処法** ミーティングに使う資料や筆記用具は
> あらかじめ準備しておこう！

 何件もミーティングが立て込んでいるときは、どの資料を持っていけばいいかわからなくなり、よく間違えてしまいます。必要な資料を忘れ、わけがわからないままミーティングに参加していることもあります。

 ミーティングの時間になって資料を準備するのではなくて、前もってまとめておきましょう。資料の分量に応じて、プロジェクトごとにクリアファイル、プラケース、封筒、紙袋などに整理しておき、ラベルを貼っておくと便利です。

 やっぱり。前もって準備しておくことがだいじなんですね。ミーティングの前はいつもバタバタしてしまい、筆記用具を忘れることもしょっ中なんです。

 ふだん使う文房具とは別に、筆箱（筆記用具、消しゴム、蛍光ペン）、クリップ、メモ帳、付せんなどをひとまとめにした「会議セット」を、ポーチか何かにパッケージしておくと便利ですよ。時間になったら、資料と一緒にすぐに持ち出せます。

会議セット

 それはいいアイデアですね。毎回、会議に必要なものを揃えて、会議室に持っていっているつもりなのですが、いつも何か忘れものをしてしまいます。

 会議に必要な資料や本が大量にあるときは、資料と会議セットをエコバッグに入れ持っていくと便利です。忘れものをしないよう、整理しやすい方法を考えましょう。

> **ミーティングに必要なものを忘れないためのポイント**

- **資料はあらかじめプロジェクトごとに、ファイル、封筒などにまとめておく。**
- **会議に使う文房具などをまとめた「会議セット」をつくる。**

対処法 付せんにメモをとり手帳に貼ると便利。
ウェブ上にメモを残すのもおすすめ！

子どものころから、ノートをどっかにやっちゃう名人でした。今も同じで、メモはとっても、失くしてしまいます。適当なところに走り書きして、どこに書いたかわからなくなるのも、しょっ中。過去のことを思い返すのも苦手で……。

仕事のメモをとるときには、付せんを使いましょう。いつも付せんをポケットに入れておけばすぐにとり出せるので、快適です。

たしかに付せんは便利ですね。ただひとつ問題があって、メモをとった付せんがどっかにいっちゃうんじゃないかと思います。

メモした付せんは失くさないように、手帳やノートに貼るクセをつけましょう。「いつ」指示を受けたのかがわかるよう、スケジュール帳に整理するのがおすすめです。

いいアイデアですが、デスクの上に置いたつもりが気づいたらなくなってるとか、ワイシャツの胸ポケットに入れたままクリーニングに出しちゃうとか、ありそうで心配です。

整理整頓できないのは致命的ですね。そんな場合はウェブ上に記録するのがおすすめ。パソコンやスマートフォンを使ってウェブ上にメモを保存すれば、なくなることないので安心です。たとえば、「Gmail」などの電子メールをメモ代わりに活用すれば、後から検索もできるし、必要なときにコピーもできるのでとても便利です。

 せっかくとったメモを活用するためのポイント

- つねに付せんをポケットに入れておき、付せんにメモをとる。
- 付せんはスケジュール帳などに貼り、整理する習慣をつける。
- ウェブ上にデータで記録する。
- 電子メールなどをメモ代わりに使う。

当事者インタビュー

- **年齢** 20代 女性
- **業務内容** 信用情報関係のサービス業の校正事務
- **特性** アスペルガー症候群

困っていること 「記憶できない」

仕事の手順がわからず混乱したり、手順を踏んでいる間に目的を忘れたりします。

私の解決策・ツール

❶ 未来と過去の箱をつくり書類を整理

「未来と過去の箱」をつくり、書類を整理しています。処理ずみの書類は「過去」、まだの書類は「未来」、あきらめるは「過去」、後回しは「未来」に分類して箱に入れておけば、手元には現在処理するべきものしか残りません。

[未来と過去の箱]

❷ 仕事に必要な情報をまとめたファイルをつくる

よく使うリンク、フレーズ集、必要なルール集などをまとめたHTMLファイルをつくり、わからなくなったときに確認できるようにしています。使用頻度が高いものは、1〜2クリックで出せるようにウィンドウに常駐させてあります。

❸ マニュアル兼チェックシート

Excelで表をつくり、1番上の行にやるべき仕事を手順に分けて記入。1番の左の列に日付を書き、マス目にチェックしています。机の側面に貼っておくと、何をやるべきか、すでに何をやったのかが視覚的にわかるので便利です。

❹ 仕事の進捗はSNSで共有

他人と共有することで毎日記録する習慣がつくれ、自分の仕事の進捗を客観視することができます。スマホからも、インターネット環境があれば他のパソコンからもアクセスできて便利です。

❺ 約束や決定事項は、確認メールを送る

相手との約束や決定事項などは、口約束で終わらせず、必ずメールやLINEで文字に残します。わからなくなったときに検索でき、相手との認識の齟齬を回避することもできます。

当事者インタビュー

- **年齢** 30代 男性
- **業務内容** 公務員で技術職
- **特性** アスペルガー・ADHD

困っていること　「話を聞いていない」「メモがつくれない」「ミスが多い」

　人の話を正確に聞いていなかったり、メモがとれていないため、ミスが多く、「自分で考えろ」と言われても、なかなか答えを出すことができません。

私の解決策・ツール

❶ 「じぶんノート」をつくっている

　まず、朝、今日1日何をするかを書くクセをつけています。必ず手元に置いておき、何か気づいたことがあったらメモします。

❷ 努力している姿勢を見せる

　毎日ノートを続けていると、周囲も自分の困難や努力について理解・納得してくれます。今の上司からも最初は「なんでそんなもの書いているの？」と言われていましたが、今は「何かあったら書いておけ」「いいから、それをそこに書いておけ」と言ってくれます。

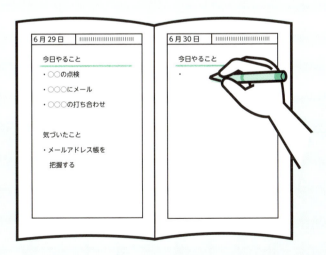

[じぶんノート]

当事者インタビュー

- 年齢 20代 男性
- 業務内容 ゲーム設計（IT）の事務
- 特性 広汎性発達障害

困っていること　「入力ミス」「時間管理が苦手」

業務はバックオフィス業務から、ゲームの設計や製作進行工程チェックまで多岐にわたっていますが、入力ミスや時間管理ができず困っています。

私の解決策・ツール

❶ Excel で事前に業務ルールなどまとめ、防止策を講じる

事前に間違いの多い例を **「条件付き書式」** で設定しておき、行内に句読点を入れると赤くなるなど、間違いや違反があると赤字になるように設定しています。

❷ iPhone のカレンダーで業務管理

「iPhone のカレンダー」に「通知」を設定し、仕事や打ち合わせなどの予定を忘れないように管理しています。

[iPhone のカレンダーの通知]

第3章

なるべく人づきあいが うまくなりたい

コミュニケーション対策

| 対処法 | **電話対応のテンプレートやフローチャートを用意し、メモをとる習慣をつけよう！** |

電話って難しいですよね。聞きとりづらいし、相手の表情も見えないし、タイミングも計りにくいし……。日ごろは、表情や動きなどを見て情報を補いながらコミュニケーションをとっているので、純粋に耳から聞く情報だけだと理解しにくくなるのは、当たり前です。

しどろもどろで対応していたら相手が怒ってしまい、パニックになって電話を切ってしまったこともありました。今は、怖くて積極的に電話をとることができません。

仕事の電話は、ポイントさえ押さえられるようになれば、だんだん慣れてくるはずです。慣れないうちは「お電話ありがとうございます。○○の田中です」などの応答例を書いたテンプレートや、フローチャート（要件ごとに「○の件→内線○○へ」）を手元に準備しておきましょう。質問されて困ったときは「しばらくお待ちください」と伝え、落ち着いてフローチャートを確認します。

あわててしまうと、メモをとり忘れてしまいます。相手がいきなり話し始めてしまうと、メモを探すために、待ってもらうこともできません。

電話の隣には、伝言メモを必ず用意しておきましょう。受信した日時、相手、連絡先、要件、折り返しの有無などを書きとります。メモに書きとった内容は、最後に「××商事の○○様ですね。ご連絡先は 03-56×○-×○＊□で 17 時以降に折り返しさせていただきます」などと復唱して、確認するのも忘れないように。

電話に慣れるためのポイント

- ●電話対応のテンプレート＆フローチャートを手元に準備しておく。
- ●電話の伝言用メモ（日時、相手、用件、連絡先、折り返しの要不要などを書きとめる）をつくる。
- ●間違えやすい数字（日付、時間、金額など）は、必ず復唱し、相手に確認する。

対処法 「報連相（報告・連絡・相談）」を徹底し、ズレていないか確認しながら作業を進めよう！

指示どおりに行動しているつもりなのに、終わってから違う、と怒られるのは理不尽ではないでしょうか。作業が全部終わって報告した後に、上司から「こんなこと言ってないよ」とか「指示どおりやってくれ」といってやり直しを求められると、正直、私の方が「話が違う」と思ってしまいます。

てつおさんが「指示どおり」だと思っている作業が、上司が求めていることと違っていたのかもしれません。共通認識を持つためには、「報連相」がだいじ。
　仕事では、この流れをつねに意識しましょう。

①指示を受けた段階で復唱する
②作業計画を立てた段階でチェックしてもらう
③最初の工程が終わった時点でチェックしてもらう
④終了後は必ず報告する。

残念ながら、私の議事録の精度と、上司が求めているイメージにズレがあったということなのですね。

早い段階で、てつおさんと課長の認識がずれていることが判明すれば、軌道修正ができたはずです。まずは、指示を受けたときに、自身の理解、業務の方向性を復唱し確認した方がよかったですね。業務の始めと終わりだけでなく、作業内容に変更がある場合は「録音データを聞きながら作成していいでしょうか？」など、中間報告を入れることも忘れないでください。そのうえで、作成途中の議事録を課長に見てもらえばよかったのです。

🚩 業務内容を勘違いしないためのポイント

- 何はなくとも「報連相」。これがあなたを守る！
- 指示の確認、作業内容のチェック、終了後の報告は、基本！
- 業務の始めと終わりだけでなく、中間報告も入れること。

第3章 なるべく人づきあいがうまくなりたい

あかりさんの場合

ミーティングで意見が言えない

どうしてそうなるの？▶▶▶ 「考えを言葉にするのが苦手」「ポイントをまとめにくい」

「賛成・反対」の意思表示ができるよう、メモをとる習慣をつけよう！

うちの職場では毎朝、ミーティングをやっていて、意見を聞かれることがあります。でも、何を言えばいいかわからないし、変なことを言って笑われるのもイヤだし、困ってしまいます。

「会議に出て、話を聞いていればいい」と考えていませんか？　メンバーの一人として「会社に貢献する」積極性を持つことも意識しましょう。

でも、自分で言うこと考えて人前で発言するなんて、ハードル高すぎます！

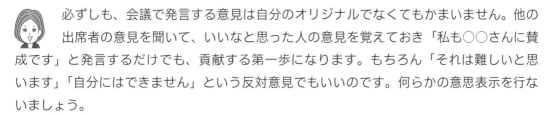
必ずしも、会議で発言する意見は自分のオリジナルでなくてもかまいません。他の出席者の意見を聞いて、いいなと思った人の意見を覚えておき「私も○○さんに賛成です」と発言するだけでも、貢献する第一歩になります。もちろん「それは難しいと思います」「自分にはできません」という反対意見でもいいのです。何らかの意思表示を行ないましょう。

そうなんですね。だけど、ミーティングではたくさんの人が発言するので、だれがどんな意見を言ったのかわからなくなることがあります。

まず、ミーティングの内容をメモする習慣をつけることから始めた方がよさそうですね。だいじなのは「だれ」が「何を話したか」を書きとめておくこと。ノートのページの中央に縦線を引き、左半分に発言した人の名前を、右半分に発言の内容を書いておくと整理がしやすくなります。

🚩 ミーティングで発言するためのポイント

- 社会人として、ミーティングに参加し、会社に貢献する意識を持つ。
- 発言を求められたら、人の意見に同意するだけでも OK。
- 「だれ」が「何を話したか」わかるようにメモをとる。

> **対処法** 少なくとも「結論」だけは押さえ、
> わからないときには確認をとろう！

人の顔と名前を覚えるのが苦手で、会議で話している人がだれなのかわからなくなります。「あの人はどこの課の人だろう」とか「あの人は前に何を言ってた？」とか考えていると混乱し、状況がわからないまま会議が終わってしまいます。

そもそも、何人もの人が次々に話しているときは、方向性が定まっていないことが多く、わかりづらいのが当たり前。この際、プロセスすべてを知る必要はないので、話が収まったら、つまりどういうことだったのか結論だけ確認しましょう。

混沌とした状態で、いったい何を確認したらいいのか……

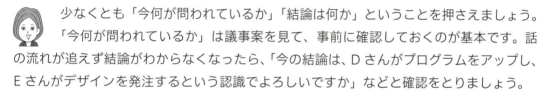
少なくとも「今何が問われているか」「結論は何か」ということを押さえましょう。「今何が問われているか」は議事案を見て、事前に確認しておくのが基本です。話の流れが追えず結論がわからなくなったら、「今の結論は、Dさんがプログラムをアップし、Eさんがデザインを発注するという認識でよろしいですか」などと確認をとりましょう。

大勢が自分勝手に話す会議もあるため、そもそも結論が出ているのかどうかも不明です。

情報共有、顔合わせなどが目的で、結論を出すことが目的でない会議もあるので、混乱することがあるかもしれません。親しい先輩などに会議の目的を確認しておくと安心です。

会議についていくためのポイント

- 会議で「何が問われているか」は、議事案などで事前に確認しておく。
- プロセスはともかく「結論は何か」ということは押さえる。
- 話の流れや結論がわからなくなったときは「結論は○○という認識でよろしいですか」と確認をとる。
- 結論を出すことが目的ではない会議もあることを知っておく。

しずかさんの場合
叱られると怖くなり、適切に対応できない

どうしてそうなるの？▶▶▶ 「切り替えが苦手」「失敗への不安が人一倍強い」

注意されたことを気にするより、次にどうしたらよいかを考えよう！

　ちょっと威圧的な上司が苦手です。怒られるんじゃないかと思うとおどおどしてしまい、それで「はっきりしゃべらないとわからないじゃないか」ともっと怒られます。最近では、その上司からなるべく離れるようにしています。

　まずは、考え方を切り替えましょう！　基本的に上司はあなたが嫌いだから怒っているわけではありません。あなたの「行動」を注意したり叱ったりしています。同じことのように思えるかもしれませんが、これはまったく違います。

　でも、何だかぼくに対する上司の態度が、とくに冷たいように感じるのです……。

　反省している姿勢を見せていますか？　心の中で反省していても伝えなければ意味がありません。おどおどしているだけでは、上司は自分の注意をあなたが理解していないと感じてしまいます。「今後は気をつけます」など、言葉に出して謝罪しましょう。

　そういえば怖くてフリーズしてしまい、あやまっていませんでした……。

　反省の姿勢を見せ、同じ過ちをくり返さなければ、今後は同じことで叱られることはありません。たとえば今回の件では、すぐに断られた理由を確認しに行く必要があります。そして、次回から必ず断られた理由を確認するよう心がければいいのです。注意されたことを気にしてくよくよするより、次にどうしたらよいか考え、自分の成長に活かすことがだいじなのです。

叱られて委縮してしまわないためのポイント

● 叱責は「あなた」ではなく「行動の結果」に向けられていることを理解する。
● 言葉に出して謝罪し、反省している姿勢を行動で示す。
● 同じ過ちをくり返さないために、次にどうしたらよいのかを考える。
● ストレスが強い場合は、仕事とは別のところで、気持ちを切り替える。

対処法 自分の都合で相手に負担をかけないよう状況を確認し、上手に質問しよう！

うちの上司は勝手なんです。「報連相がだいじ」と言うくせに、質問したら「それぐらいは自分で考えろ」とか「前に説明しただろう」って怒るんです。前の話は前の話、今回の件は今回の件なので聞かなければわかりません。

たしかにわからないことがあったら質問できるというのは大切な能力。ただそれにも作法があります。相手が忙しいときに何度も質問するのは、迷惑です。報連相の中でも、報告・連絡は「業務上必要なこと」で、相談・質問は「自分都合で行なうこと」。てつおさんの書類作成が少し遅れても、会社に大きな損失を与えるわけではありません。この場合だと、上司の仕事を止めないことの方がだいじなのです。

私が質問に行くことで、上司の仕事を妨害していたのですね。気がつきませんでした。けれども、教えてもらえないと、私の仕事が進められません！

質問しなければならない場合は、「いつ・だれに」質問するのかを意識しましょう。タイミング（いつ）は「自分の仕事の緊急度」と「相手の忙しさ」で判断します。すべて上司に聞くのではなく「だれに」を考えるのもだいじ。質問に答えられる人（先輩など）が他にもいるはずです。また、疑問点が出るたびに相談するのではなく、一度にまとめて相談する（例：不明点が3つ出たら相談する）、メールでまとめて質問するなど、方法を考えましょう。

🚩 わからないことを上手に質問するためのポイント

- 「報告・連絡」と違い「相談・質問」は自分の都合で行なうことを認識する。
- 「いつ・だれに」質問するのかを意識し、自分の仕事の緊急度と相手の忙しさで判断する。
- まとめて相談する、メールを使うなど相手に負担をかけないよう心がける。
- 忙しい上司に聞く前に、まず先輩や同僚など、立場が近い人に聞いてみる。

ハイパーさんの場合
挨拶がカジュアルすぎる

第3章 なるべく人づきあいがうまくなりたい

どうしてそうなるの？▶▶▶ 「場面ごとの切り替えが難しい」「マナーへの意識が薄い」

対処法 挨拶は処世術としてだいじなポイント。
社会人として一般的な作法を身につけよう！

挨拶は、丁寧に行なっていると印象がよくなるという優れたコミュニケーションのひとつ。適切に行なえるかそうでないかでは周囲からの印象はまったく違います。

自分は体育会系なので、挨拶はだいじにしていますが、だれにどんな挨拶をすればいいのか、決まりがあるんですか？

その日、初めてあった人には挨拶しましょう。朝は「おはようございます」、昼以降は「おつかれさまです」が無難。2回目以降、すれ違うときなどに軽く会釈をすると丁寧です。

ちゃんとやっているのに挨拶が雑だと怒られました。

元気な挨拶は、とてもいいこと。でも学生時代に良しとされた挨拶は、会社では通用しないことがあります。「あざっす」「おつかれっす」などは親しい人に限り、出だしから語尾まで省略せずに言うべきです。もちろんあなたの性格を変える必要はありません。けれども、年配の人の場合、カジュアルに接されると、気分を害する人も少なくないのです。逆に、ラフな性格なのに挨拶はしっかりできる、敬語がしっかり使えるなどのギャップがあると、好感度がアップします。社会人として人と接するときは、まずはフォーマルを心がけましょう。

 上手に挨拶するためのポイント

- 面識のある人には挨拶する。挨拶されたら挨拶し返す。
- 2回目以降、すれ違うときなどは軽く会釈をすると丁寧。
- 社内の知らない人にはしなくてよい。基本的には面識のある人だけでOK。
- 社会人として人と接するときは、フォーマルが基本。
- 冒頭から語尾まで省略せずに丁寧に発声する。

第3章 なるべく人づきあいがうまくなりたい

しずかさんの場合
タイミングがつかめずスムーズに帰れない

どうしてそうなるの？▶▶▶「周りの目や人の気持ちを気にしすぎる」
「話しかけ方の引き出しが少ない」

てつおさんの場合
空気が読めず、仕事を終わらせてしまう

どうしてそうなるの？▶▶▶「ルールを字義通り捉えやすい」
「明確な指示以外はしなくてよいと思ってしまう」

第3章 なるべく人づきあいがうまくなりたい

対処法 自分の仕事が終わったら、他に仕事がないか、上司に確認するクセをつけよう。

毎日退勤時間までに仕事を終わらせるようにしているんですが、上司や先輩が残っていることが多いんです。とくにできる仕事もなく、早く帰りたいのですが、タイミングを逃してしまい、いつもずるずる残るはめになってしまいます。

自分の仕事を時間内に終わらせられているというのはとてもよいこと。職務能力が高い証拠です。とくに、残業規定がしっかりしている会社なら、定時に帰るということも、とても重要な仕事のうち。仕事がないのに、気を使って残る必要はありませんね。上司に「他に仕事がありますか」と、確認してから帰るようにしましょう。

そのとおりです。自分の仕事が遅いことを棚に上げて、後輩にも残れなんて、まったくナンセンスですよ。なんで「手伝えよ」って言われるのか納得できません！

自分の仕事が終わったから帰る・休むという行動は、決して間違いではありません。けれども、職場が「猫の手も借りたい」状態のときに、さっさと仕事を終えるのはひんしゅくを買う可能性もあります。とくに、和を重んじる日本の多くの企業では、チームで仕事を進めていくという慣習が残っています。あなた個人が分担している仕事が終わっても、チームの仕事が終わっていなければ、「仕事が終わった」とは言えない場合もあるのです。自分が分担している仕事が終わったら、必ず「何か他に手伝えることがないか」確認するだけで、周囲のあなたへの評価が変わるはずです。

▼ スムーズに退勤するためのポイント

- 定時に帰る・休むのも、仕事のマナーのひとつ。仕事がないのに、気を使って残る必要はない。
- 職場の状況や、チームの仕事の進捗によっては、先に帰る・休むとひんしゅくを買う場合もある。
- 先に帰りたい場合は、自分にできることはないか、必ず確認してから帰る。

当事者インタビュー

年齢 20代 男性

業務内容 マスコミ関係の事務職

特性 アスペルガー症候群

困っていること 「集中力が保てない」

　雑誌の文言をチェックする仕事をしていますが、7500件/日などボリュームが多く、仕事が終わらない日もあります。できるだけ長く、集中力を保つことが課題です。

私の解決策・ツール

❶ 疲れをためない

　睡眠を1日最低7時間は確保することを心がけ、疲れている日は終業後に遊ぶことを控え、疲れを翌日に残さないよう努力しています。また、50分作業をしたら10分休憩し、疲れをためないよう調整しています。疲れて集中できないと思ったら、上長に報告し、作業にストップをかけてもらうようにお願いしてあります。

❷ 負の感情をひきずらない

　ネガティブな気持ちになりコントロールがきかない場合は主治医などに相談したり、「言い放し、聞き放し、批判・意見はなし」のアルコール依存症の自助会に行き、話しています。話すと頭の整理になり、人の話を聞くと落ち着くことができます。

❸ 指示や説明はドキュメント化、ミスも記録しふり返る

　上長からの指示や説明はノートに書くようにしていましたが、ノートだとどこに書いたかわからなくなるので、WordやExcelでドキュメント化しています。また、クライアント企業ごとのNGやOKの文言をExcelに記録。何がNGかOKかはコロコロ変わるので、つけ足し、修正、削除も簡単なExcelが便利です。

　さらに、ミスを記録し見直すシートもExcelでつくっています。ミスをした内容（ex. OKなのにNGにしたり、NGなのにOKとしてしまった例など）を入力し、同じミスをしないために「どうしてミスしたのか」「どうしたらミスを改善できるか」を書き出しています。

当事者インタビュー

- **年齢** 30代 男性
- **業務内容** 生命保険業
- **特性** ASD（自閉症スペクトラム）

困っていること　「仕事が回らない」「適度な類推ができない」

仕事を請けすぎて回らなくなることがあります。また、適度な類推ができず、物事を過度に一般化するか、逆に特殊に捉えてしまいます。

私の解決策・ツール

❶ 作業の状況を上司と共有して相談する

1日の作業とスケジュール表を、一覧できるよう1枚の紙にまとめています。そのスケジュール表を上司と共有することで、仕事の総量を把握してもらうことができます。

❷ 類推に頼ることなく自作マニュアルで手順を整理する

作業の流れを自分でマニュアルにしています。担当している業務のうち自分が間違えてしまったこと、ミスをしそうなことも、マニュアルに記載します。

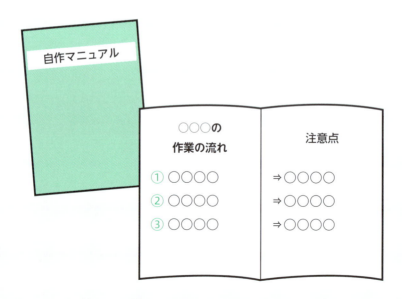

当事者インタビュー

- **年齢** 30代 女性
- **業務内容** メーカー（化粧品）のIT業務
- **特性** 広汎性発達障害

困っていること　「過集中」「自己管理が苦手」

体調を管理しながら仕事を分配するのが苦手なので、過集中で疲れすぎてしまうことがあります。

私の解決策・ツール

❶ 手帳で生活リズムや体調を管理

「ジブン手帳」（コクヨ）に1日の予定を書き込み、睡眠はグレーの蛍光ペンで塗りつぶし、生活リズムを確認。体調管理や業務の配分に反映させています。「朝早く目覚めた日は午後エネルギーが消耗する」など、睡眠時間と仕事のパフォーマンスを俯瞰できて便利です。その日の服装コーディネートもメモしているので、会う相手によってくり返しを避け、評判のいい組み合わせもわかります。

❷ 作業時間を計測し、見通しをつける

Windowsアクセサリの「メモ帳のタイムスタンプ」を利用し、作業の開始時と終了時に押して作業時間を計測。以後同種の作業をする際の所要時間見積りに使っています。

❸ アラートを設定し、リマインド

Windowsの「アラート設定」で水分補給、ストレッチ、上司への報告、ファイルの保存＆バックアップなどをリマインドしています。

対処法 「でも」「だって」を封印し、自分の行動に責任を持つのが社会人の基本！

 何かミスしたときは、なんでミスしたのかをわかってもらいたいので、いろいろ説明しちゃいます。言いわけしているつもりじゃなくて、私にも事情があったことを知ってもらいたいのに、なかなかわかってもらえません。

 失敗の原因や理由を説明することはもちろん必要。でも、まずは、きちんと謝罪することがいちばんだいじですね。

 だって、お店が混んでたので、私が悪いわけじゃないんです……。

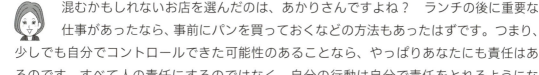 混むかもしれないお店を選んだのは、あかりさんですよね？ ランチの後に重要な仕事があったなら、事前にパンを買っておくなどの方法もあったはずです。つまり、少しでも自分でコントロールできた可能性のあることなら、やっぱりあなたにも責任はあるのです。すべて人の責任にするのではなく、自分の行動は自分で責任をとれるようになることが、社会人としての基本。最初は怖いかもしれないけど、仕事では「でも」と「だって」は封印して臨んでみる方が、働きやすくなるはずです。

 社会人って、厳しいんですね……。

 より大切なのは同様のことをくり返さないようにすること。ギリギリの予定で行動しない、同僚や先輩に行き先を伝えるなど、ミスを防ぐ方法も考えてみましょう。

言いわけばかりしないためのポイント

- 非があったのなら、きちんと謝罪することが、自分を守るすべになる。
- 仕事の中では「でも」と「だって」は封印して臨もう。
- 反省している姿勢を行動で示すこともだいじ。
- ミスを防ぐ方法も考えてみる。

第3章 なるべく人づきあいがうまくなりたい

こころさんの場合
女子トークが難しい

どうしてそうなるの？▶▶▶「興味・関心の幅が狭い」
「適当に雑談できる会話力が乏しい」

対処法 相づち・オウム返し・やわらかな表情などで、上手に雑談に参加してみよう！

 いわゆる女子トークが苦手です。興味がない話になったとき、黙っていると「具合悪いの？」「怒ってるの？」とか聞かれ、場がしらけてしまいます。

むりに参加する必要はありませんが、どうしても避けられない場合、処世術として相づちのパターンを身につけておくと便利です。「はい」「なるほど」「たしかに」「へー」など、使ってみるとそれなりに会話を盛り上げることができます。そのとき大切なのは言葉だけでなくジェスチャーや抑揚、声の高さ。内容よりもそういったアクションの方が相手に与える印象を変えるだいじな要素なのです。あとは「そうなんだ」などのオウム返しも有効。話を聞いているという安心感を相手に与えられます。

 ただ、聞いて、相づちを打っているだけで、いいのですか？

もちろん、少しでも話せるといいですね。些細なことでもかまわないので「こんな経験がある」「そういう気持ちになったことがある」などの話をしてみましょう。人間関係を築くうえでは「自分のことを開示してくれている」という印象を持たせることが大切です。

 私はただ困っていただけなんですが、悪い印象を与えていたんですね……。

困っている気持ちが表情に表れていたかも。スムーズにコミュニケーションをとるためには、やわらかい表情が大切。鏡を使い、話しているとき自分の顔がどう見えるか確認しておきましょう。鏡を見ながら、口角を上げ笑顔をつくるトレーニングもおすすめです。

同僚とスムーズに雑談をするためのポイント

- 相づちのバリエーションを増やし、ジェスチャーや声の高さなどを工夫する。
- 些細なエピソードでも自分のことを開示し、信頼関係をつくることもだいじ。
- やわらかい表情は、スムーズなコミュニケーションの第一歩！　笑顔を大切に。

ハイパーさんの場合
しゃべりすぎてしまう

どうしてそうなるの？▶▶▶「思いついたことを胸にとどめておけない」
「相手の反応を読むのが苦手」

対処法 会話はキャッチボール。自分ばかり話さず、相手にもボールを渡すことを意識しよう！

 大学のサークルのときから友だちと盛り上げるのが得意でした。職場でも、いや職場だからこそ、雑談でも盛り上がりたいはずですよね。だから、いつも、みんなを楽しませようとしていたつもりです。でも、空気が読めないやつと思われているなんて、とてもショックでした……。

 ハイパーさんの明るさは長所だし、ムードメーカーになれる素質があると思います。ただし、会話はキャッチボールなので、投げっぱなしはNG。相手にもボールを渡さなくちゃね。

 たとえどんなに面白い話でも、自分ばかり話しちゃうのはNGということですか？

 自分だけ話すのだけでなく、「最近どんな映画を見ましたか？」など質問を投げかけて、相手のボールを受けとる（＝話を聞く）姿勢を見せることも必要。とはいえ質問は引き出しがないとできません。質問とその答えのバリエーションを教えてくれるおもしろいアプリがあるから、ぜひ使ってみてください。

雑談でひんしゅくを買わないためのポイント

- 会話はキャッチボール。自分のエピソードばかり話さない。
- 相手にボールを渡す（＝話を引き出す）ために、質問を投げかける。
- 質問の引き出しを増やす会話ネタアプリ 「モテトーク」 を活用する。

101

仕事に必要な飲み会以外は、具体的な理由を伝えて断ってもOK！

 上司は飲みに行くのが好きで、よく誘われます。だけど体育会のノリで、ぼくは行っても楽しくないし、できれば早く帰りたいのですが、ぼくみたいに人づきあいが苦手な人間を誘ってくれるのは、気を使ってくれているのだと思うとなかなか断れません。

職場の飲み会を楽しめない人は案外たくさんいます。行きたくない、つまらないと感じている人はあなたの他にもいるはずなので、安心してください。ただ、上司によっては「飲みニケーション」をだいじにしていて「飲み会も仕事のうち」と考えている人もいます。その場合、最低限の仕事に必要な飲み会だけ出席するようにしましょう。

 仕事に必要な飲み会には、どんなものがありますか？

所属する部署やプロジェクトチームなどが全員参加するもの、一緒に仕事をする機会がある人の歓送迎会は、参加する方がベター。とくに後者はあなたのためではなく主役となる人のため。礼は尽くしておくと何かと円滑に進みます。その他は、断ってもかまいません。

 断ると気を悪くさせるのではないかと思うと、なんと言えばいいかわかりません。

うまく理由をつければいいのです。相手が「自分と飲みに行くのが嫌なのか」とネガティブに受けとめないよう、「約束がある」「家族の行事がある」「体調が悪い」「資格の勉強をしている」など、できるだけ具体的な理由を伝えることがポイントです。

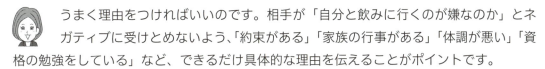
苦手な飲み会を切り抜けるためのポイント

- 所属する部署などの全員参加の飲み会には参加した方がベター。
- 仕事をする機会がある人の歓送迎会も、仕事を円滑に進めるため参加する。
- 断るときにはネガティブな印象を持たれないよう、できるだけ具体的な理由を伝える。

> **対処法** 職場の交流は仕事をスムーズに進めることが目的。「親しき仲にも礼儀あり」を忘れずに！

職場の女の子グループと仲良くなったので、この間、飲み会がありました。ハワイの話になって、「みんなで行こう！」って盛り上がったのに、日にちを決めようとすると「予定が合わない」とか「お金がない」とか言って、行きたがらないんです。

職場の人と仲良くなれるのは、とってもだいじな才能です。職場によっては飲み会があったり、親睦を深める機会もあるかもしれません。でも、そうした交流は仕事をスムーズに進めることが目的。友だちとは違い、あくまで仕事を通じた人間関係だということを忘れないでください。基本的には遊びと仕事は分けて考える方がいいのです。

でも仲良くなって、楽しい雰囲気をつくることはだいじですよね？　みんなと仲良くなりたいし、職場の飲み会では、ムードを盛り上げた方がいいと思い、ついつい飲みすぎてしまいます。

楽しいムードをつくることはだいじですが、記憶が飛んでしまったり、暴走してしまったり、失敗するリスクが高い人は、お酒を控えた方がいいですね。お酒が飲める量は個人の体質により異なります。自分がどれくらい飲めるか把握して、周りに迷惑をかけない飲み方ができるようになりましょう。

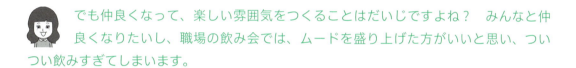

 礼儀をわきまえて、職場の人と交流を深めるポイント

- 職場の人と仲良くなるのはだいじだが、仕事をスムーズに進めることが目的。
- 基本的には遊びと仕事は分けて考える。
- 飲み会では、周りに迷惑をかけない飲み方を心がける。

第3章 なるべく人づきあいがうまくなりたい

ハイパーさんの場合
怒りをコントロールできない

こないだのハイパーのレポートはいまいちだったな

えーっ。それはないっすよ。先輩が他の仕事で忙しいから、自分が一人でつくったんじゃないですか…

それは悪かったと思っているけど、あれじゃ、先方も納得しないよ。レポートにはちゃんと客観データを入れなくちゃ

じゃあ、ぼくがやらなきゃよかったんですか！

いやいや、そんなことを言っているんじゃなくて……。落ち着けよ

どーせオレは半人前ですから、今後はレポートなんてつくりません！

おいおい……。子どもじゃないんだから冷静になれよ

ブツブツ

どうしてそうなるの？▶▶▶「感情的になりやすい」「自分の怒りを抑えるのが苦手」

対処法 感情のコントロールは技術。
訓練次第で身につけることができる！

先輩には日ごろから世話になってて、ぼくの仕事のしりぬぐいをしてもらったことも一度や二度じゃないんです。なのに注意されたことで逆ギレするなんて、ふり返ると恥ずかしいです……。

感情のコントロールは仕事上とっても大切なスキル。その気になれば、訓練次第で身につけることができるスキルですよ！　まず自分の状態を把握すること。自分の感情を10段階くらいに分けて数値で自覚できるようになりましょう。「今は落ち着いているから2くらい」「イライラし始めた。今6だ」とか「8くらいで、爆発しそう」というように、自分を客観視するよう心がけます。

いつも後から後悔するので、自分でコントロールできるようになりたいです！

イライラしたときの対処法も考えておきましょう。「深呼吸」「手を強く握って離す」などの方法があります。人それぞれなので、対処法を模索してみてください。「数値が8を超えたらその場を離れる」など、基準を決めて行動できるようになるといいですね。

カッとなってしまうと、自分でも何を言ってるかわからなくなります。

本当に困っているなら、専門的な心理療法であるアンガーマネジメントの研修を受けるという方法もあります。まずは、**「アンガーマネジメント診断」**を使い、自分がどういう場合に怒りを感じる傾向があるのか分析してみましょう。

🚩 怒りをコントロールするためのポイント

- どのようなときにどの程度の怒りやストレスを感じるのかを把握しておく。
- イライラ度を10段階に分け、基準値を超えたときの対処法を考えておく。
- アンガーマネジメントの専門的な研修を受けてみる。

アンガーマネジメント診断

当事者インタビュー

年齢	40代 男性
業務内容	教育分野の教務・教材編集
特性	ADHD・広範性発達障害

困っていること 「集中力が続かない」「段取りが組めない」

指示を1回で覚えることができません。マルチタスクが苦手で、段取りがうまく組めないのも悩みの種です。発達障害によるビジネス上の不都合は、経験を重ねることでかなり改善できますが、普通の人の何倍も時間がかかります。

私の解決策・ツール

❶ 手書きのスケジュール管理メモを作成

短いスパン（例えば1週間）の業務予定を上司と相談しながら書き込んでいき、完了したら線で消します。やり残したら次の日・週に持ち越します。

会社のスケジュール管理ツール（パソコン）は大雑把な予定を把握するために使い、メモは実際の工程管理と上司との業務進行確認に使うよう、併用しています。

❷ 意識して、適度に休みをとる

単純作業で集中を切らさないために、少しやっては席を立つことを心がけています。

[1週間のスケジュール表]

第4章

なるべく長く
仕事を続けたい

自己管理対策

第4章 なるべく長く仕事を続けたい

こころさんの場合
疲れがたまり仕事中に眠くなる

どうしてそうなるの？▶▶▶ 「思考や行動の切り替えが苦手」「感覚過敏や過集中で疲れやすい」

110

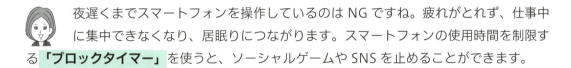

対処法　夜更かしやスマートフォンはセーブして。「意識して休む」時間をつくることが大切！

夜遅くまでスマートフォンを操作しているのは NG ですね。疲れがとれず、仕事中に集中できなくなり、居眠りにつながります。スマートフォンの使用時間を制限する「ブロックタイマー」を使うと、ソーシャルゲームや SNS を止めることができます。

気をつけます……。学生時代は睡眠不足でも平気でしたが、仕事を始めてから疲れがたまってます。夕方になると眠くなり、この間は仕事中に居眠りしてしまいました。

仕事を続けるために、健康・体力は何より重要。まずは自分の体力がどれくらいあるのか把握していることが大切。「集中できない」「眠くなる」などの課題があるなら、体力に応じた労働時間、休日の過ごし方など、ライフスタイルの見直しが必要です。疲れがたまっているなら、飲み会への参加も、体力にあわせて調整しなければなりません。

学生時代より、遊びはセーブしているつもりですが……。

学生時代はめいっぱい遊んでも、休む時間がたっぷりありました。社会人になると時間の余裕がなくなり、10 代より確実に疲れやすくなります。仕事をするうえでも生活を充実させるうえでも、意識して休むことが重要です。昼休みはもちろん、それ以外でもこまめに休みましょう。集中力は長くても 20 分くらいしか続きません。昼食後は眠くなりやすいので、お腹いっぱい食べすぎないようにしましょうね。職場によりますが、昼休みに昼寝をとることを許している職場もあります。10 分でも 20 分でも寝ることができれば、午後の作業効率が上がり、ミスは減るはずです。

🚩 疲れをためないためのポイント

- 体力を考え、遊ぶ予定や、休日の過ごし方、退社後の飲み会を調整しよう。
- スマホゲームや SNS は制限しよう。就寝前のスマホは厳禁！
- 昼休みの休憩時間はしっかり休むことを意識しよう。

ブロックタイマー iOS ▶▶

ブロックタイマー Android ▶▶

第4章 なるべく長く仕事を続けたい

しずかさんの場合
集中しすぎてしまう

どうしてそうなるの？▶▶▶ 「セルフモニタリング力（自分の体調を感じる力）が弱い」

対処法 必ず時計を確認するクセをつけ、タイマーで時間を管理しよう！ 周囲の協力も必要。

集中すると夢中になり、休みをとるのを忘れてしまいます。この間は、仕事が終わった後すごく疲れて、職場で寝込んでしまったのです。翌日は体調が回復せず、仕事になりませんでした。

休憩することも、仕事のうち。疲れすぎてしまっては安定した仕事はできません。過集中と極端な疲労をくり返すことなく、一定の成果を出せるようにしましょう。長く安定して仕事を続けるためにも、休憩をきちんととることがだいじなのです。

頭ではわかっているのですが、実際に仕事を中断するのが難しいんです。集中すると周りが見えなくなってしまい、お昼ご飯を食べるのも忘れてしまいます。

まず、仕事中は時計を見るクセをつけること。そして、タイマーを使い時間管理をしましょう。スマートフォンの**「タイマー機能」**（53ページ）だと、作業時間と休憩時間など、設定した項目・分数で知らせてくれます。音を出さずバイブレーションで教えてくれる機能もあります。

試したこともあるのですが、集中するとタイマーにすら気づかないのです。

それはなかなかのツワモノぶりですね。信頼できる同僚や先輩に相談してはどうでしょう？　きっと周囲の人たちは、しずかさんが休憩をとっていないことやお昼を食べていないことに気づいていて、心配しているはずです。けれども、声をかけると迷惑かもしれないと遠慮しているのかもしれません。周囲の人たちには、「集中すると時間を忘れてしまうタイプなので、声をかけてください」と伝えておきましょう。

自己管理するためのポイント

- 長く安定して仕事を続けるためにも、休憩をきちんととる。
- 時計を見るクセをつけ、「タイマー機能」を使って作業時間を管理する。
- 同僚や先輩に相談し、昼休みなどには声をかけてもらうように頼む。

> **対処法** 仕事のパフォーマンスを上げるため、
> 自分で体調を管理できるようになろう！

夜はだれにもじゃまされない自由な時間だから、できるだけ有効に使いたいですよ。親は「早く寝ろ！」ってうるさいんですが、体力もあるし、起きていようと思えばいつまでも起きていられるんで……。翌朝、寝坊することもあるけど、ダッシュで出勤すればギリギリ大丈夫です！

遅刻だけの問題ではないのです。睡眠時間が短いと集中力が弱くなったり、凡ミスをやってしまったり、気づかないところで仕事のパフォーマンスが落ちてしまいます。安定した仕事ができるよう生活リズムを整えることは、社会人にとって重要。自由な時間を楽しみたい気持ちはわかるけど、次の日の仕事のことを考えると、平日はできるだけ早寝するよう心がけた方がいいですよね。

早く寝た方がいい……というのは頭ではわかっているのですが、家族に注意されたりするとムカついて、ストレス発散のためついつい好きなゲームをやってしまいます。

人に注意されるとイライラして眠れなくなり、余計に悪循環にはまるパターンですね。スマホの利用時間を制限できるアプリがあるからうまく利用してみてください。

▶ 早寝早起きするためのポイント

- 仕事で安定したパフォーマンスを発揮するために、早寝早起きがだいじであることを自覚する。
- 自分で管理するためのツールをうまく活用する。
- スマホ利用を制限する「ブロックタイマー」などのアプリを使う（111ページ）。

対処法 早すぎる行動も迷惑になる可能性があるので、30分前くらいの出社がベスト！

 以前、新入社員は職場でだれよりも早く出勤するべきだって言われました。なので、始業は8時半ですが、毎朝7時前には会社に着くようにしています。まだビルのシャッターが閉まっている時間なので、警備室に連絡し開けてもらっています。でも、この間上司から「早すぎる！」と怒られました。

 遅刻はもちろんダメ。でも早すぎる出社も問題があります。警備員にも仕事の順序や予定があるはず。てつおさんが早く来ることで、警備員の予定外の仕事が増えてしまいます。それに会社によってはエコ対策などで、光熱費の節約を行なっている場合もあります。

 しかし、朝の人がいない会社は、とても静かでじゃまが入らず、仕事がはかどります。

 気持ちはわかりますが、厳密に言うと、時間外労働です。最近は労働時間についても厳しいので、早くても仕事を始めるのは30分前くらいがいいでしょう。

 人身事故など鉄道トラブルの復旧時間は最大で1時間半と言われています。30分前に出社する予定で行動していると、もし人身事故が発生した場合、遅刻する可能性があります！

 万が一の場合が心配なら、早めに行動してもかまいません。ただし、早く出社するのではなく、待合室や公園など会社の近くで時間をつぶせるところを見つけておきましょう。

 出社時刻をコントロールするためのポイント

- 遅刻はNGだが、早すぎる行動でも、他人に迷惑をかける可能性があることを理解する。
- 早くても30分前行動がベスト！
- 30分前行動が不安な場合は、会社の近くで時間をつぶせる場所を見つける。

事前準備と時短術の活用で、朝は余裕を持って行動しよう！

朝が弱くてぼーっとしちゃうから早めに起きています。だけど、出発前の準備に毎回時間かかるので、気がつくと出勤時間になってしまい、毎朝ギリギリです。

早起きしても、朝の時間ってすごく速くすぎてしまいます。余裕を持って行動するためには、①事前準備をする、②時短術を活用する、の2つがポイント。たとえば、その日に着る洋服は、前日に用意しておきましょう。気候のチェックもしておくとやり直しがなくていいですね。あと、資料や書類など持っていくものもカバンに入れておきましょう。かぎ、携帯、財布、定期入れ、名刺入れ、ティッシュなど、毎日必ず持っていくものは、玄関などに「お出かけボックス」をつくり、そこに入れる習慣をつけましょう。

同じ場所に整理する習慣ができれば、「ない！　ない！」って探し回らなくてすみますね。時短術にはどんなものがありますか？

いちばん時短できるのは食事です。手軽に食べられて、なおかつ栄養があるバナナ、ヨーグルト、シリアルなどを常備しておくと便利ですよ。また、朝は寝室・洗面台・ダイニングだけ（リビングには行かない）など、使用するスペースを限定しましょう。その他、動線を考えて使うものを配置しておくこともだいじです。化粧品とブラシが別々の場所にあったりしませんか？　朝、使うものは同じ場所にまとめておきましょう。

 朝の準備をスムーズに行なうためのポイント

- 洋服や資料＆書類などは、前日に準備しておく習慣をつける。
- 毎日、必ず持っていくものは「お出かけボックス」に整理する。
- 朝食は、パパッと食べられるものを常備しておく。
- 朝は使用するスペースを限定し、動線を考えてものを配置する。

お出かけボックス

第4章 なるべく長く仕事を続けたい

あかりさんの場合
通勤時の不測の事態に対応できない

どうしてそうなるの？▶▶▶ 「状況を把握する力が弱い」「短い時間に考え、判断するのが苦手」

対処法 万が一を考えて30分前行動を心がけ、状況がわからないときは駅員さんに聞こう！

出勤時間に間に合う電車に乗るように最寄り駅に行っています。今回、たまたま事故で電車が止まってしまったんです。

日本の電車はだいたい時刻どおりに運航していてとっても優秀だけど、事故やトラブルで遅れる可能性もあります。とくにラッシュ時は「遅れることがある」と思って行動した方が無難です。できれば30分、少なくとも15分くらいは余裕を持って行動しましょう。「LINE NEWS」などでも電車の遅延情報を教えてくれるので、チェックするクセをつけるといいですね。

以前も、電車が停まり、仕方がなくいつも使わない路線を使うことになったことがあるのですが、どこのホームに行けばいいのかがわからなくて迷ったり、乗る方角を間違えて戻ったり、かえって時間がかかってしまいました。

振替えで遠回りをするより、再開を待った方がいい場合もあります。判断がつかないときや、振替えについてわからないことがある場合は駅員さんに聞きましょう。それから、遅れるとわかった時点で、必ず、会社に連絡を入れなければなりません。後で遅刻の理由を説明するために、必ず駅で「遅延証明書」をもらっておきます。電車のトラブルがあった場合は、駅で発行されています。

🚩 通勤時の不測の事態に対応するためのポイント

- わからないときや判断がつかない場合は駅員さんに聞く。
- 10分以上の遅刻が確実になったら、必ず会社に連絡する。
- 駅で「遅延証明書」をもらう。
- 電車の遅延情報を教えてくれるアプリなどで、事前にチェックしておく。

対処法 身だしなみはビジネスマナーのひとつ。
まず、鏡を見る習慣をつけて！

自分では大丈夫だと思っていてもなぜか注意されます。

①清潔感　②カジュアル度合い　③季節感が気をつけなければならないポイント。清潔感は、汚れ（汚れる仕事以外）、Yシャツ（襟首袖口の黄ばみ）、毛（鼻毛・髭・髪の毛）に気を配りましょう。鼻毛ははみ出さない、髭は1ミリくらいまで、髪は整っていればOKです。寝癖を整えるのが面倒なら短髪がおすすめです。それから匂い。匂いは人によって感じ方が違うので、匂いに敏感な人への配慮を忘れないでください。夏場は汗が匂いの原因になるので、制汗剤を持ち歩きましょう。

清潔感はだいじかもしれませんが、職場には仕事に来ているのに、服装がどうとかナンセンスじゃないですか？

自覚がなくても不潔な印象を与えている可能性がありますね。カジュアル度合いは業種や社風によって異なり、ジーパンOKな職場もあります。なので、周りに合わせ、困ったら先輩に聞くのが無難です。服装を選ぶのが苦手な人は、「服装を提案してくれるアプリ」（**「XZ クローゼット」**など）もあります。もし、気温に鈍感で年中、同じ格好でOKというタイプなら、そのことを周りに説明し理解してもらいましょう。何よりだいじなのは鏡を見る習慣をつけること。男性はヒゲの剃り残しを見つけるためにも、出勤前の鏡チェックを習慣づけましょう！

▶ 身だしなみを整えるためのポイント

- 清潔感（汚れ、匂い、ヘアスタイルなど）、カジュアル度合い、季節感の3つのポイントに注意。
- 鏡を買い、出勤前に鏡を見る習慣をつける。
- 服装を提案してくれるアプリを活用してみる。

123

対処法 必要なら口コミなども参考にし
自分に合った化粧品を選ぼう！

 メイクすると、においが気になるし、肌が荒れたりするので、イヤなんです。でも、やっぱりメイクした方がいいんでしょうか？

 別にしなくてもかまいませんよ。でもメイクを覚えておけば、仕事だけでなく、冠婚葬祭など、いざというときにフォーマルな印象を与えることもできます。肌が過敏なら低刺激のものもあります。最近では、お医者さんが監修・開発したコスメや、ドラッグストアでも手軽に買える無添加・オーガニック認証を受けている化粧品なども増えてきました。無香料のものもたくさんあるし、水おしろいなどもおすすめです。

 興味はないわけではないけど、たくさんあって、何を買っていいかわかりません。

 何を買っていいかわからないなら、「低刺激」「コスメ」などで検索し、口コミをチェックしてみましょう。肌が過敏な人の体験談も掲載されています。サンプルを送ってくれるメーカーもあるので、いろいろ試してみては？

 メイクってやっぱ難しいのですか？

 最初は難しいかもしれませんが、だんだん慣れていきますよ。やり方がわからなければ、先輩やメイクが得意な友だちに教えてもらいましょう。商業施設の化粧品コーナーで美容部員に教えてもらう方法もあります。購入をすすめられたら「検討してみます」と断わればいいのです。もちろんメイクをせずに髪型やファッションなどで印象をカバーしてもよいでしょう。

🚩 メイクにトライしてみるためのポイント

- 皮膚が過敏なら低刺激のものを使おう。
- 口コミサイトなどで検索し、自分に合ったものを探そう。
- やり方がわからなければ先輩や友だちに教えてもらう。

第4章 なるべく長く仕事を続けたい

しずかさんの場合
仕事のストレスを私生活に持ち込んでしまう

どうしてそうなるの？▶▶▶「気持ちの切り替えが苦手」「不安感が強い」

> **対処法** 意識して、仕事から切り離された時間を物理的につくることが必要！

退勤後もつねに仕事が気にかかり、友だちや家族と過ごす時間でも仕事のことを考えています。とくに、ミスをして怒られたときは、いつまでもそれを引きずり、落ち込んでしまいます。休日も仕事のことばかり考えてしまいます。

仕事熱心なのはいいことだけど、切り替えられないとどんどんストレスがたまります。帰宅後や週末は、できるだけ仕事のことは考えない方がいいのです。そのためには、没頭できる趣味を持つのがおすすめ。ジョギングや水泳など一定のリズムで体を動かす運動は精神的な落ち着きをもたらします。できれば、継続して続けるために目標を設定しましょう。たとえば、水泳で1キロ泳げるようになるとか、ジョギングで1時間のタイムを5分縮めるなど、目標を周囲の人に公言することも有効です。仕事を忘れて、夢中になれる趣味が見つかるといいですね。

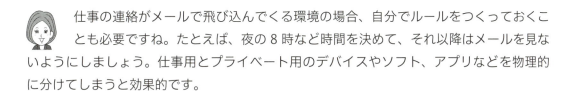
ゲームが趣味なのですが、パソコンを開いていると会社のメールが届くので、どうしても気になって見てしまいます。上司は見なくていいと言ってくれますが、読んでおかないと、翌朝、急に何か聞かれるかもしれないと思うと、読まずにいられません。

仕事の連絡がメールで飛び込んでくる環境の場合、自分でルールをつくっておくことも必要ですね。たとえば、夜の8時など時間を決めて、それ以降はメールを見ないようにしましょう。仕事用とプライベート用のデバイスやソフト、アプリなどを物理的に分けてしまうと効果的です。

▶ ストレスを私生活に持ち込まないためのポイント

- 帰宅後や週末は、仕事のことを考えないよう意識する。
- 仕事を忘れて、夢中になれる趣味を持つ。
- 仕事のメールは「土日と、夜8時以降読まない」などのルールを決める。
- 仕事用とプライベート用は、デバイスやソフト、アプリを分けるのも効果的。

当事者インタビュー

年齢 30代 女性
業務内容 事務職・プログラマ・コールセンター経験
特性 ADHD

困っていること 「時間管理＆タスク管理が苦手」

根を詰めすぎて、休憩の開始や終了に気づかないことがあります。仕事以外でも、寝る時間、シャワーの時間……など逆算して行動するのが苦手です。

私の解決策・ツール

❶ アラート機能やアラームなどで時間管理

「Google カレンダーのアラート機能」やスマートフォンの「アラーム機能」などを利用。個人端末が許されない場合は音の鳴る時計などを活用しています。

❷ タスク管理はパソコン、スマホのアプリを活用

デジタルの記録に残すことで、他のことに注力することができます。とくに1日中デスクにいる場合は、パソコン画面内だけですべてが把握でき、仕事に集中できるメリットがあります。また、「1年前のいつだっけ？」「いくらだっけ？」といった場面で検索機能が有効です。

❸ Eメールのフィルタリング機能を駆使

メインの受信トレイに重要なものだけが入るよう、「フィルタリング機能」を駆使しています。その他のメールも、ラベルごとに後から探せるよう、工夫をして設定をしておくと便利です。未読の数が多くなると整理する意欲も萎えるので、未読を増やさないよう心がけています。

第5章

なるべく働きやすい職場になってほしい

合理的配慮の求め方

合理的配慮を受けるための3つのステップ

1 配慮を受けるために、ミスの原因を分析する

 苦手な業務があってミスが多かったり、スムーズに仕事が進まなかったり、個人の努力だけではどうにもならない場合、合理的配慮を求めることができます。配慮を受けるためには、

①原因の特定
②合理的配慮の理解
③適切な配慮要求

上の3つのステップがあることを覚えておきましょう。

🚩 仕事で失敗しているところを特定しよう！

- 職場で困っていること＆苦労していることは人それぞれ。まずは自分がよく失敗していることの内容と原因を特定しよう。
- 周囲のアドバイスを受けながら自分の失敗を分析しよう。

 今までのみんなの話を聞いていると、困っていることは、いくつかに分類できますね。

---

①理解の困難

・相手の状況を理解しづらい／相手の気持ちをくんだ行動が苦手《想像力》

・指示を取り違えている／指示を覚えられない《コミュニケーション力（受信）》

・マニュアルだけでは仕事がイメージできない《読み取り力》

・チームだと自分のタスク分担がわかりづらい／自発的には動けない《チームワーク力》

---

②実行の困難

- タスクをどのような順で行なうかが不明／優先順位がつけられない《段取り力》
- すべきことはわかっているが、時間をかけないと習得できない《業務習得力》
- 複数業務を担当すると効率が悪い／同時進行すると抜け漏れる《同時並行力》
- テキパキと仕事をするのが苦手《処理速度力》
- 何度見返してもミスをする／チェックリストがあっても抜け漏れる《ミス・抜け漏れ》

③その他の困難

- 適切な人に、適切なタイミングで、適切に伝えられない《コミュニケーション力（発信）》
- 寝落ちしてしまう／集中力にムラがある／周辺の物音・行動に気が散りやすい《集中力》
- 生活リズムを崩しやすい／ビクビクしながら働くので疲れやすい《体調維持》
- 職場の雰囲気についていけない／どうしても仲間はずれになりやすい《人間関係》

うわー。思い当たることばかり……。

ミスが多く自信をなくしてたけど、発達障害の特性が原因だったんだ……。

みんなの場合、特性ゆえに苦手なことを自分の努力だけでカバーするのは限界があります。職場での失敗が重なると、うつや不安障害など二次障害も関わって、より失敗の頻度が増えてしまう悪循環に陥りがち。ですから、心身の健康を守りながら仕事をスムーズに進めるために、合理的配慮を受けるメリットが十分あるんです。

2 合理的配慮とはどんなものなのかを知っておく

今すぐ、上司に合理的配慮を要求したいと思います！

ちょっと待って。合理的配慮を受けるためには、会社との話し合いが必要。そのためには、合理的配慮とはどういうことなのか、しっかり理解しておかなければなりません。

第5章 なるべく働きやすい職場になってほしい

ふつうの支援やサービスとは違うんですか？

合理的配慮とは、障害がある人が、障害のない人と同じように人権や基本的な自由を得るための必要かつ適当な変更及び調整のことです。配慮というよりも、「調整」ということばの方が理解しやすいかもしれないね。

合理的配慮を説明する時に、よく登場するのが階段と車いすの例です。車いすを利用している人にとって、階段を使って2階まで登ることはとても困難です。職場に階段だけしかなければ、「2階に上がる」という権利や自由が奪われてしまいます。けれども、スロープを設けたり、エレベーターを設置したり、階段以外の手段を整備すれば困りごとは解消できますよね。このように、障害のための困難さを、できる範囲で解決する方法が合理的配慮です。

私は、仕事の指示がわからないとき、上司に写真入りのマニュアルをつくってもらっています。そういうのも合理的配慮ですか？

そのとおり！　たとえば、しずかさんは読み書きの障害があり、字を書くのが苦手ですよね？　毎日、業務日誌を手書きで提出しなければならない場合、他の人より時間がかかってしまいます。こういった場合の合理的配慮の例として、パソコンで入力しても良いことにする、日誌の内容を上司に口頭で報告する……などが考えられます。

でも、自分だけ特別扱いをしてもらうのは、気がひけるなぁ……。

合理的配慮は障害者差別解消法という法律の中に明文化されており、学校や企業は必要な配慮を提供することが義務化されているんです。なので、合理的配慮を求めることは、みんなの権利であることを覚えておいてください。

合理的配慮とはどんなものなのかを知っておこう！

2016年度から障害関連の法令に盛り込まれ、次の3つが柱になった制度。
❶障害特性は一人ひとり異なるため、雇用主に個々の事情に合った配慮を要求することができること。
❷雇用主は経済的・人員的に合理性があれば配慮をしないといけないこと。
❸障害のある人と雇用主側との対話を絶えず続けて、よりよい環境を整えていくこと。

３ トラブルを防ぐために上手に配慮要求を出そう！

 合理的配慮のだいじなポイントは「当事者の権利主張から配慮がスタートする」という点です。みんなは、セルフアドボカシーという言葉を知っているかな？

 サンドイッチやサラダにするとおいしいやつ？

 それはたぶんアボカドですね……。セルフアドボカシーは日本語で「自己権利擁護」と訳される言葉。障害や困難のある当事者が、自分の利益や欲求、意思、権利を自ら主張することを意味しています。つまり、みんなが一方的にサポートされる対象になるのではなく、自分にはどんなサポートが必要なのかを表明し、会社との「建設的な話し合い」を行ないながら、どんなふうに協力してもらえるのか、共に考えていかなければならないんです。

 すばらしい！　どうして先に教えてくれなかったんですか。これまで、私の主張を受け入れようとしなかった上司を説得するため、今すぐ家に帰り、合理的配慮を要求する資料を作成したいと思います。

 ちょっと待って！　権利を主張するのは大切なことだけど、てつおさんの主張が、すべて受け入れられるとは限りません。だから、「建設的な話し合い」が大切なのです。たとえば、てつおさんの提案が会社側に大きな負担となる場合は、会社側から別の

方法での配慮が提案されることもあります。その場合も、一方的に別の方法での支援が提供されるのではなく、あくまでもてつおさんの困りごとや考えを尊重し、最終的にどんなサポートができるのかが決定されます。

 経費精算とかマジむりっす。合理的配慮で、免除してもらいたいっす。

 相談してみてもいいのですが、「苦手な仕事は配慮によって免除されて当然」「配慮によって求められる仕事のハードルが下がる」などと思わないようにね。配慮はあくまでも、給与に見合った成果を出すために提供されるものです。障害があるから「給与とパフォーマンスのバランスが崩れても許される」と考えるのは、大きな間違いです。

 先生。気になっていることがあります。じつは、職場には発達障害があることを伝えていないんです。障害者雇用でもないし、それでも合理的配慮は受けられますか？

 障害者雇用だけではなく、一般雇用の場でも合理的配慮を求める権利はあります。さらに言えば障害者手帳のあるなしに限らず、合理的配慮を受けることができます。ただし、診断書やそれまで受けてきた配慮の記録などなどを提出して、障害があることを証明しなければなりません。

 やっぱり、職場に発達障害があることを伝えなければならないのですね……。

 発達障害であることを証明しないまま合理的配慮を主張すると、職場や社会が混乱します。例えば学習障害の書字障害がない人が、テストで制限時間を伸ばす配慮を求めると公平さを欠くため、他の人よりも著しく書く行為に困難があることを証明する必要があるんです。

 なるほどー。

トラブルを防ぐため、上手に配慮要求を出そう

- ●当事者が自らどんな配慮をしてもらいたいか、希望を伝える。
- ●その時に、障害を証明する書類や過去の配慮の記録を提出する。
- ●職場側と話し合いながら、合理的な配慮の方法を決める。
- ●当事者と職場とのやりとりは継続し、より適切な配慮を目指す。

合理的配慮を受けるための3ステップがわかったかな？ 同じ障害を持っていても、本人の状態や職場の環境によって提供される配慮はさまざま。合理的配慮が義務づけられたことで、一人ひとりにオーダーメイドの配慮が提供されるメリットがありますが、そのためには、配慮を受ける本人が、まず自分に必要な配慮をオーダーできることが大切なのです。

第5章 なるべく働きやすい職場になってほしい

知っておきたい。合理的配慮の具体例

配慮は受けたいけど、自分から要求するって、ハードルが高いです……。他の人たちは、実際にどんな配慮を受けているのかなぁ。

どんなケースがあるのか、参考にできる例を知っておくと、考えやすいですよ。具体的にはどのような配慮を求めることができるのか、場面ごとに見ていきましょう。

▽対人面での配慮希望例▽

・上司を固定してもらう。

・指示系統をひとつにしてもらう（やりとりする相手をしぼり込む）。

・知らない人とのやりとりが少ない部署・業務に変更してもらう。

やり取りをする人によってパフォーマンスが大きく変わる場合は、上司を固定してもらうなどの配慮を要求すると良いでしょう。ただし人事の範囲に注文をつけることになるので、他の対策をとった上での2番目、3番目の要求にするのがおすすめ。

　まずは指示系統をひとつにしてもらうなど、やりとりする相手を絞るといいですね。いろいろな人から仕事を頼まれて混乱することを防げるし、相性がいい人からの指示を受ける形になれば、一石二鳥になる可能性があります。

▽体調面での配慮希望例▽

・職場での仮眠を認めてもらう。

・休憩を30分に一度取るなど通常よりも頻度高く取らせてもらう。

・時差通勤、時短などを認めてもらう。

・原則、通勤時間が短いオフィスでの勤務を認めてもらう。

二次障害や感覚過敏などのため、ラッシュアワーの電車が苦手だったり、長い睡眠時間が必要だったり、体調管理が難しい人は少なくありません。限られたエネルギー

を効果的に使ったり、エネルギーを補充しやすい休み方を要求したり、自分にマッチした働き方を検討しましょう。この時、だいじなのは「生産性の向上」が配慮の目的だということ。ワガママだと思われないよう、くれぐれも配慮を要求する際の言葉づかいには気をつけましょう。

▽ 業務指示面での配慮希望例 ▽

・業務指示を口頭だけでなく文書でもらう。
・業務の連絡はメールでやり取りする。
・ミーティングなどの際は他の人がつくった議事録を共有してもらう。
・スマホのカメラやボイスレコーダーなどの利用を認めてもらう。

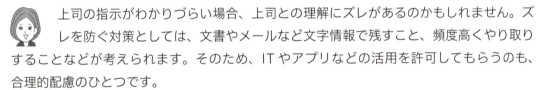

　上司の指示がわかりづらい場合、上司との理解にズレがあるのかもしれません。ズレを防ぐ対策としては、文書やメールなど文字情報で残すこと、頻度高くやり取りすることなどが考えられます。そのため、ITやアプリなどの活用を許可してもらうのも、合理的配慮のひとつです。

　上司からすると、いちいち文書やメールで指示を出すのは時間・手間がかかるため、嫌がられるケースがあるかもしれません。なので、とくに成果が出やすい業務から配慮をお願いしましょう。文書やメールで指示することでパフォーマンスが上がることを実感してもらえば、上司も合理的配慮の必要性を理解してくれます。

▽ 担当業務面での配慮希望例 ▽

・担当業務を限定してもらう（実際に箇条書きにするなどしてもらう）。
・担当業務について定期的に相談する相手・機会をつくる（話す内容をあらかじめ決めておく）。
・ダブルチェック作業（他人によるミス抜け漏れチェック）の体制を作ってもらう。

　もともと、どうがんばってもうまくやれない仕事は、むりをして行なうよりも、業務自体を避けるという方法も考えられます。

　たとえば電話の応対や、接客、議事録をとる業務などで、代わってくれる人がいる場合に限ります。得意な仕事に集中させてもらうことで、チームとしてのパフォーマンスを高

めることができるかもしれません。

　ただし、「障害があり、苦手なのだから、やらなくて当たり前」という態度は厳禁！　あくまでも、限定した部分で活躍することで、担当した業務で高い成果を上げることが求められます。また、チームで円滑に仕事をしていく上で、業務をカバーしてくれる先輩や同僚などへ感謝の気持ちを言葉として伝え続けることも大切です。

　また、定期的に相談できる相手（先輩・上司など）を決めてもらいましょう。頻繁に業務の進捗＆内容をチェックしてもらうことで、ミスを防ぐことができます。

▽ 特性面による配慮希望例 ▽

・新しい業務の場合は習熟に時間がかかることを事前に理解してもらう。

・気温差や気圧差が大きい日は休みがちであることを事前に理解してもらう 。

・飲み会には参加しない、ランチタイムなどは一人でのんびり過ごすことを理解してもらう。

　いわゆる〝見えない障害〟を理解してもらうためには、事前に自分の特徴について具体的な例を交えて、伝えておくことが重要です。たとえば「感覚の過敏さ」「疲れやすさ」などについては必ず伝えておきましょう。また、「指示はメモでもらいたい」「複雑な会話はメールでやりとりしたい」「録音させてほしい」など、自分が理解しやすい方法についても伝えましょう。

　仕事中は、周囲から見ただけではあなたが何に困っているかわかりにくいかもしれません。「忘れている場合があるのでリマインドがほしい」「業務の進捗をチェックしてほしい」など、声のかけ方や確認の仕方も合わせて伝えるとよいでしょう。

▽ 作業環境面での配慮希望例 ▽

・耳せん・イヤホンの利用を認めてもらう。

・作業中のサングラスの着用を許してもらう。

・デスクの周りにパーテーションを立ててもらう。

・アラームやポップアップ機能があるアプリを利用する。

職場によっては、空調を大きく変えたり、オフィス自体の照明を替えたり、席の配置を変えたり、自分以外の人にも影響を与えることは認められづらい場合があるかもしれません。けれども、他人に迷惑をかけない範囲で、自分が心地よく働ける環境を整えてもらえる方法があれば、要求してもかまわないでしょう。また、上記のように、集中を高めるためのスマホやPCのアプリ、ツールを使うことも考えられます。

　配慮を求める時に注意すべきなのは、会社のルールに抵触していないかということです。とくに、個人情報や企業秘密に関わる部分については、注意が必要です。配慮を申し出る時は、上司や周囲に心配や負担をかけすぎないよう「リスクがない方法を一緒に検討していこう」という姿勢を持つことが、何より大切です。

 なるほどー。

> **コラム　企業のみなさんへ「ナチュラルサポートもだいじ」**
>
> 　提供側（企業や学校）のみなさんに誤解していただきたくないのは、合理的配慮の提供だけが支援の方法ではないということです。もちろんご本人の気持ちや主張はもっとも尊重すべきところですが、合理的配慮という形以外でも支援をすることはできます。
> 　例えば、タスク管理が苦手な部下の仕事の進捗状況を共有してアドバイスをしたり、言葉だけでは指示が伝わりにくい相手にメモを渡したり、日常的に仕事がスムーズにできるよう自然にサポートしていることがあると思います。こういった支援を「ナチュラルサポート」と言います。

第5章 なるべく働きやすい職場になってほしい

とっても大切なセルフアドボカシー

1 私たちのことを私たち抜きで決めないで！

今回の同窓会は大きな収穫がありました。さっそく、善良な労働者の権利として、上司に合理的配慮を申し出たいと思います！

何度も言うけど、くれぐれも話し合う姿勢を忘れないようにね。ほかのみんなはどう？　先生の話が少しは役に立ちそうかしら？

とても勉強になりました。だけど、うまく上司に相談できるかどうか心配です。てつおさんやハイパーさんは勇気があってうらやましいな。

くり返しになるけど、合理的配慮を求めるのはみんなの権利なのよ。もう一度、大切なセルフアドボカシーについて、復習しておきましょうね。みなさんは、障害者権利条約という条約を知っていますか？「私たちのことを私たち抜きで決めないで（Nothing About us without us）」をスローガンに、世界中の障害を持つ当事者たちが声を挙げ、障害者権利条約条約は2006年に国連で採択。2014年に、日本も批准しました。このスローガンは、セルフアドボカシーの考え方を、わかりやすく表現しています。

Nothing About us without us！　超クールっす！

とてもいい言葉ですよね。歴史的に、障害のある人は「支援される対象」という受け身の存在として扱われてきました。つまり、障害者権利条約に示されている「自分自身のことを自分で決める（自己決定）権利」という「基本的な人権」を奪われていたのです。

自分のことを、あかの他人に決められるなんて、身の毛がよだちます。そんなことが許されていいのですか？

たとえば、知的障害のある人が何かを決定する時、選択肢を比較しながら、自分で考えて決めることが難しい場合があります。そんなとき、第三者が望ましい選択肢を考えて本人の代理で選択する……ということがありますよね。それはいくら善意でも、ある意味、本人の主張や決定の機会を奪っている、と考えることもできるのです。

私は、考えるのが苦手だから、人に決めてもらう方が楽なときがある……。

もちろん、すべてを自分で考えて、決めなければならないということではありません。自分で決めるための支援（自己決定支援）を受けながら決めることもできます。ただ、どんな仕事に就き、どのような生活をし、稼いだお金をどう使うか、どんな風に幸せになるのか。その選択肢はさまざまです。安定した生活を望む人もいれば、冒険がしたい人もいます。支援をする人が最善だと思う選択肢が、本人の希望と一致するとは限りません。なので、本人の希望を大切にしながら、決めることが原則です。

たしかにー。オレは、周りにむりだとか、危険だとか、絶対に失敗するとか言われて、止められても、冒険がしたいタイプだな。

失敗することも、あえて危険をおかすことも、その人自身が考え、主張し、選びとる権利があるのです。だって、失敗も、かけがえのない経験になるかもしれません。なにより、私たちの日々の生活はだれかに一方的に指示されたり、決定されたりするものではありません。もちろん、それは障害のある・なしに関わらずすべての人に共通しますが、障害者権利条約の締結に伴い、障害のある人のセルフアドボカシーが世界的に考え直されています。

これまで親や先生から、「絶対こっちの方がいいからこっちにしなさい」と言われて、自分の意見をガマンすることがたくさんありました。自分の考えを主張したらいけないのかなって思ってた……。

多数派の価値観を押しつけられてばかりいると、発達障害の人は自分の意見を押し殺すことが多くなり、ますます生きづらくなってしまいます。セルフアドボカシーの考え方が浸透することは、これまで「支援される側」という受け身の存在として捉えら

143

れていた障害のある人を、自ら「支援を求めていく」能動的な存在として捉える認識が広まることにつながるでしょう。裏を返せば、より一層、自分自身に必要な支援を自分から発信することが重要視されていくということです。

自分から上司に相談したり、協力を求めなくちゃならないんですね。ぼくの上司はいい人だけど体育会系で、セルフアドボカシーとか言ってもわかってもらえないかもしれない……。

ゆっくりでもかまわないので、発信できるようになるといいですね。わかりやすく言えば、日々職場で困っていることがある場合、それを改善するような配慮を事業所にしてもらえるように主張する、ということです。もう少しやわらかな言い方をすれば、配慮を受けられるように依頼する、という感じかな……。

2 だいじなのは、自分の状態を把握していること

まずは親しい先輩に相談してみようかな。でも、いったい何から頼んだらいいのなぁー。困っていることはたくさんあるけど、頭の整理がつかないかも……。

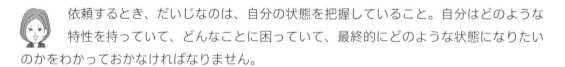
依頼するとき、だいじなのは、自分の状態を把握していること。自分はどのような特性を持っていて、どんなことに困っていて、最終的にどのような状態になりたいのかをわかっておかなければなりません。

ぼくは憤慨しているだけで、そんなに困っていません！　しかしながら、職場では仕事が順調に進んでいるとは言い難いので、改善の余地があると思われます。

やれやれ。発達障害のある人の中には、てつおさんのように「そもそも自分が何に困っているのかわからない」という人も少なくありません。ひとくくりに発達障害と言っても個人差が大きいし、他の人と自分を比べて自分の状態を把握することが難しかったり、どうしてうまくいかないのか分析することが苦手な特性を持つ人もいるからです。

たしかに！　オレは上司や先輩から、しょっちゅう注意されているけど、正直、何がまずいんだか、よくわかんない……。

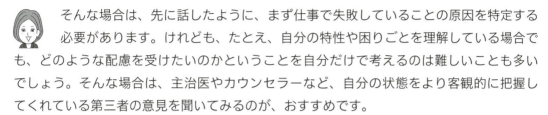　そんな場合は、先に話したように、まず仕事で失敗していることの原因を特定する必要があります。けれども、たとえ、自分の特性や困りごとを理解している場合でも、どのような配慮を受けたいのかということを自分だけで考えるのは難しいことも多いでしょう。そんな場合は、主治医やカウンセラーなど、自分の状態をより客観的に把握してくれている第三者の意見を聞いてみるのが、おすすめです。

　そうか。まずは、カウンセラーの先生に相談してみよう。

３ セルフアドボカシー・スキルを身につけよう

　自分の状態を把握し、必要な支援を要請する力をセルフアドボカシー・スキルと言うことがあります。このスキルを一人で会得していくのは、人によっては至難の業です。なので、まずは「支援を要請するための支援」を受けてみるのも、ひとつの方法です。

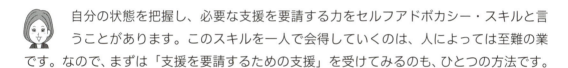　支援を要請するための支援？？？

　先に話したように、合理的配慮を要請するには、自己理解、必要な配慮の検討、提供先への依頼の仕方、職場との話し合いにどのように参加するかなど、いくつかのプロセスがあります。最終的に自分にとって必要な支援を得るために、カウンセラーや主治医、あるいは就労支援の専門家に相談し、そこまでのプロセスをサポートしてもらいながら、その中で少しずつ権利を主張する練習をすればいいのです。

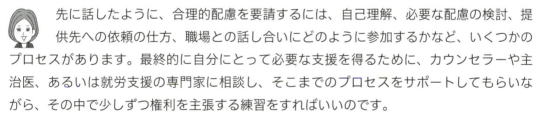　私の場合、権利の主張は得意ですが、石頭の上司が受け入れてくれるかどうかが問題です。拒否された場合、どうしたらいいのでしょうか？

　てつおさんの場合、一方的に権利を主張しケンカ腰になるのではなく、穏やかに交渉する力が求められます。事業者側もどのような配慮が合理的なのか、配慮の代替

案は適切か、そもそも話し合いの場はどのように設ければいいのか、などまだ模索しているのが現状です。なので、残念ながら、配慮提供を依頼してもスムーズに話し合いが進まないこともあるかもしれません。権利を主張する側（当事者）も、その主張を聞いて受け入れる側（事業者）も、しばらくの間は練習が必要。けれども実際に配慮を行なうことで、仕事のパフォーマンスが上がる実績が積まれていけば、事業者側もその必要性をわかってくれるはずです。そのためには、お互いの立場を考えながら、交渉を重ねていかなければなりません。

とにかく、自分から発信しなければ、何もスタートしませんね。

そのとおり！　自立とは自分のことを理解し、必要なときにだれかに助けを求められること。みんなにとって、「自分の権利を主張する」というのは、慣れない行為かもしれません。障害の有無にかかわらず、そもそも自分自身を「権利を持つ主体」であると意識すること自体が少ないのではないかしら。けれども、みんなは幸せになる権利があり、そのために必要な配慮は求めてもかまわないのです。

幸せになる権利って、ステキ！

さらにいえば、みんながハッピーに働くことは、結果的に、職場のパフォーマンスを上げることにつながります。継続して働くためには、セルフアドボカシー・スキルを磨いていくことが重要なポイントになるのです。

なるほどー。

第6章

公開！Kaien オリジナル教材

お仕事スキルトレーニング

公開！ Kaien オリジナル教材

問題1 仕事の優先順位を考えてみよう！その❶

あなたはある企業で営業部に所属している若手社員です。資料の作成、カタログ発送などの営業事務があなたの主な業務内容。一番若手の社員なので、雑務を任されることもあります。

現在、金曜日の 16 時 30 分。会社の定時は 18 時です。あなたの上司（部長）はあと 5 分で外出し、今日は戻らない予定です。いま、主な案件が 4 つあります。

案件 A　来週月曜 13 時からの会議資料の作成

現在 8 割方完成している。あと 1 時間もあれば完成できそう。
部長からは、必ず今日中に完成させてメールで報告するよう言われている。

案件 B　部長から声をかけられ、書類の提出を頼まれた！

「タカシマ商事の見積書を経理部に持っていってもらえるかな。今日中に出しておいてくれればいいから」
書類を確認すると、部長のハンコが抜けている！
ハンコがない書類は、経理部で受け付けてもらえない……。

案件 C　取引先から「カタログを郵送して」と頼まれた！

いつもの取引先からの電話を受けた。
「どうもお世話様です。株式会社イトウの近藤です。御社のカタログがそろそろなくなりそうなので、いつもの通り 100 部郵送していただけますか？」

案件 D　人事部からの職場環境アンケート調査の取りまとめ依頼

人事部から催促の連絡があった。
「部署に配られている回答用紙を集めて今日中に持ってきてください」
まだ 3 人未提出の人がいて、みんな自分の席で仕事をしている……。

さあ、あなたなら、どういう順番でどのように対応しますか？

ヒント&解答例

> **ヒント** 4つの案件を「重要度」と「緊急度」の二軸で整理してみます

案件	重要度	緊急度	影響先
A	★★★ 本日が納期 部長に必ずメールする	★★ あと1時間で完成 させなければならない	★★★ 上司、社内会議出席者
B	★★★ 会社のお金のこと、本日中	★★★ 部長は後5分で外出	★★ 社内の上司および他部署
C	★★ 社外の案件	★ 本日中でなくても影響無し	★★★ 社外のお客様
D	★ 社内のこと	★★ 締め切りは本日だが、 すぐ口頭で声かけ可	★ 社内の他部署

●重要度の考え方

・影響を与える範囲を考える→社外＞社内＞部署内＞自分のみ
・影響を与える相手を考える→お金をくれる人（お客様）＞お金を払う人
・ただし、自社の人だから・業者の人だからといってないがしろにしていいわけではなく、敬意とマナーを意識した対応が必要。

●緊急度の考え方

・「期限はあるか？」「それはいつなのか？」を考える。
・ただし、目の前にいる人を無視して放置するわけにはいかないので何かしらの応答が必要。

> **解答例**
> ①部長が外出する前に、預かった書類のハンコが抜けていることを伝え、押印してもらう。
> ②人事部のアンケートについて未回答の3人にリマインドし、本日中の提出を促す。
> ③会議資料を完成させ、部長へメールで報告する。
> ④職場環境アンケートを回収し、人事部へ届ける。その足で経理部宛の書類も届ける。
> ⑤カタログ送付の依頼については週明け発送となる旨をお伝えしておく。

ここがポイント！「だれに」「何を」「いつまでに」を整理して
どのように行動すべきかを正しく判断しましょう！

公開！ Kaien オリジナル教材

問題 2　仕事の優先順位を考えてみよう！ その❷

　あなたは「レッツ英会話」という英会話スクールで事務を担当しています。スクールの生徒の入退会の管理がメインの業務です。あなたは新入社員で、先輩の水田さんがあなたと同じ業務を担当しています。

　今、事務所にはあなたと水田さんの２人がいます。一人で対応できない場合は、水田さんに声をかけることになっています。今日はこれから新規入会の方が来ます。あなたが対応する予定ですが、入会書類の準備がまだできていません。準備に５分はかかりそうです。

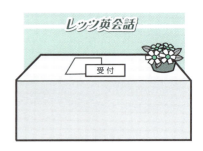

仕事A　受付に、予約なしの入会希望の人が来た。
「すいません！　入会できますか？　いますぐ手続きしたいんですが」

仕事B　受付に宅配便が来た。
「こんにちはー。ハンコください」

仕事C　教室の外ののぼり（旗）が風で倒れてしまい、歩道で邪魔になっている！
「あぶない！」

仕事D　あと10分で、予約していた新規入会の方が来る予定。

さあ、あなたならどういう順番でどのように対応しますか？

ヒント&解答例

 「何を優先させるべきか」を考えて行動します

急な予定変更に備えて、自分の作業の進捗管理をしておくことが大切です。
しかし、突如起こる出来事にその場で反応しなければいけないときもあります。
そうしたときには、「何を優先させるべきか」を考えて行動することがとても重要になります。
この練習問題で、「何を優先させるべきか」という考え方を学びましょう。

●だいじな2点

①お客様（消費者）が近い業態では、とくに目の前のお客様を大切にしなければならない。
②安全を確保することは、何より重要です。

解答例

①から⑤の順番で対応します

① A 「少々お待ちください」とまずは応答し、対応を水田さんにお願いする。
② B 「少々お待ちください」とまずは応答し、少し待っていただく。
③ C のぼりを直す。すぐに直らない場合はひとまず安全な場所に移動する。
④ B ハンコを押して宅配便を受け取る。
⑤ D 書類の準備をする。

ここがポイント！ 今回のケースでのポイントは、一人で対応できない場合、他の人にお願いするということです。
緊急度と重要度の二軸で考えながら、
優先順位を決めるとともに、何を自分がやって、
何を人にお願いするかを見極めましょう！

公開！ Kaien オリジナル教材

問題 3　ビジネスメールを書いてみよう！

　あなたは、9月開催のグルメイベントの企画・運営担当者です。先月までメディアを通じて出店募集していました。多くの参加希望があり、申込は締め切りました。申込みいただいた店舗に対して、6月17日（金）にイベント説明会を実施します（詳細は下記）。本日のあなたの仕事は、メールでイベント説明会の案内をすることです。

詳細1　上司からの指示

出店希望が多いので、複数の店舗に一斉メールで案内しましょう。
もちろんBCCで送ってくださいね。
説明会への参加申し込みの締め切りは以下の日時で案内してください。
肉フェス：6月17日（金）17：00まで

詳細2　説明会の詳細

日時：6月27日（金）10：00～11：30（30分前から開所・受付）
場所：株式会社ルフォン　本社
住所：東京都千代田区外神田×-×-×
地図：http://www.lefond.com/company/offices/
連絡先：050-1234-××××
説明会参加回答期限：6月17日（金）17：00まで

詳細3　悪い案内の例

> 件名：フェアの説明会
> 参加者の方々へ
> 6月27日（金）にイベントの説明会を実施します。場所は当社本社、日時は6月27日（金）10：00～です。参加・不参加は6月17日17：00までに回答ください。
> 金原

どこが悪いのかわかりますか？　悪い例を踏まえながら、実際にメールをつくってみましょう。

ヒント&解答例

ビジネスメールには型があります

　自分独自のやり方にこだわって時間を浪費するよりも、すでにある型に従って業務を処理する方が仕事は進むし、自分も楽になります。

解答例

> 件名に社名と用件を入れる
>
> 複数に一括で送信する際、アドレスを隠すためBCCを使い、その旨を必ず記載
>
> 件名:【株式会社ルフォン】9月開催　肉フェスの説明会について
>
> ※9月開催の「肉フェス」に出店参加いただくみなさまへ
> Bccにて送信しています。
>
> 関係者各位 ← 宛名には、「〇〇各位」などのビジネス用語を適切に使う
>
> お世話になります。株式会社ルフォン企画部の金原と申します。
>
> この度は9月に開催されます「ミートフェスティバル」（肉フェス）へ出店参加応募いただきましてありがとうございます。
>
> 正式名称を本文に明記
>
> 最初にお礼をのべる
>
> つきましては、以下の日程でイベント説明会を行いますので、
> ご参加いただきますようよろしくお願いいたします。
>
> 説明会日時：6月27日（月）10:00～11:30（30分前から開所・受付いたします）
> 場所：株式会社ルフォン　本社
> 住所：東京都千代田区外神田×-×-×
> 地図：http://www.lefond.com/company/offices/
> 連絡先：050-1234-××××
> 担当者：金原（かねはら）
> 説明会参加回答期限：6月17日（金）17:00まで
>
> 概要は箇条書きで、わかりやすく
>
> それではみなさまのご参加をお待ちしております。どうぞよろしくお願いいたします。
>
> 文章の締めにも挨拶を入れる
>
> ***
> 株式会社ルフォン　企画部
> 金原　久実
> 〒101-0032　東京都千代田区外神田×-×-×
> TEL:050-1234-××××
> Email:kmkane@lefond.com
> ***
>
> 末尾に署名を入れる

ここがポイント！

❶ プライベートのメールとの区別し、「です・ます」調で統一します。絵文字・顔文字は厳禁！

❷ 改行やインデント・箇条書きの機能を使用し、構造的で見やすいメールにします。スペースキーを使っての改行はNG。

❸ フォントや大きさの変更、ハイライト（強調）などは最小限に抑えます。使う場合は1箇所、1種類のみとしましょう。

153

公開！Kaienオリジナル教材

問題4 電話を取り次いでみよう！

取引先のほろほろ株式会社の牛島さんから、「斉藤さんはいらっしゃいますか？」と、電話がかかってきました。あいにく、斉藤さんは会議で席を外しています。

ケース1　こちらから折り返す場合

相手「斉藤さんはいらっしゃいますか」

➡ 斉藤さんが会議などで、席を外している場合、どのように対応しますか？

ケース2　相手から、かけ直してもらう場合

相手「ではまたこちらから改めます。いつ頃お戻りになりますか？」

➡ 斉藤さんの不在を伝えた際に、先方から「かけ直します」と言われた場合、どのように対応しますか？

ケース3　伝言を頼まれた場合

相手「では伝言をお願いできますか？」

➡ 斉藤さんの不在を伝えた際に、先方から「伝言をお願いできますか？」と言われた場合、どのように対応しますか？

それぞれ、電話を受けたつもりで、対応してみましょう。

定型的な応対法とセリフを覚えておきます

業務内容に「電話応対」が含まれる求人は多くあります。「電話は苦手……」という方も多いと思いますが、定型を覚えておけば、それほど難しいものではありません。

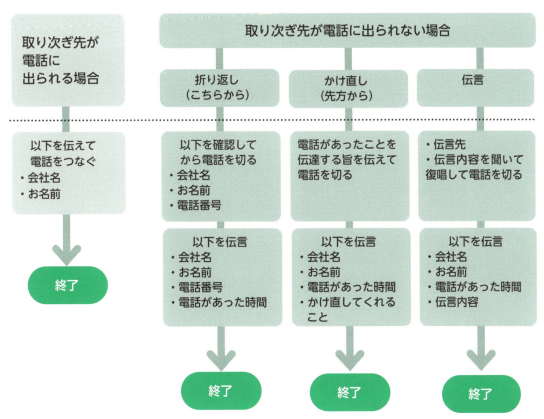

●相手が不在の場合

取り次ぐ相手が不在の際には、「だれから」「だれに」「いつ」連絡があったのかがわかるように必ずメモを残しておきます。

電話メモは、電話の隣に設置しておきましょう

巻末おまけ

解答例

ケース1 こちらから折り返す場合

自分 　お待たせいたしました。あいにく斉藤はただいま席を外しております。戻りましたら折り返すようお伝えいたしましょうか？

相手 　はい、ではお願いします

自分 　承知いたしました。それではお電話番号を確認させていただけますか？

相手 　050-2018-××××です

自分 　復唱させていただきます。ほろほろ株式会社の牛島様、お電話番号が050-2018- ××××ですね

相手 　はい、間違いありません

自分 　では斉藤より折返しご連絡いたします。お電話ありがとうございました。（自分の名前）が承りました。失礼いたします

ケース2 相手からかけ直してもらう場合

自分 　お待たせいたしました。あいにく斉藤はただいま席を外しております。戻りましたら折り返すようお伝えいたしましょうか？

相手 　いえ、ではまたこちらから改めます。いつ頃お戻りになりますか？

自分 　恐れ入ります。本日15時頃であれば戻っているかと思います

相手 　では、その頃にまたかけます

自分 　承知いたしました。それではほろほろ株式会社の牛島様からお電話があったことを斉藤に申し伝えます

相手 　よろしくお願いします。失礼いたします

156

ヒント&解答例

| 自分 | お電話ありがとうございました。（自分の名前）が承りました。失礼いたします |

ケース3　伝言を頼まれた場合

自分	お待たせいたしました。あいにく斉藤はただいま席を外しております。戻りましたら折り返すようお伝えいたしましょうか？
相手	いえ、では伝言をお願いできますか？
自分	承知いたしました
相手	5月2日の会議の人数と場所が変更になります。私と部長の小野塚が参加いたします
自分	復唱させていただきます。5月2日の会議は人数と場所が変更となり牛島様と小野塚部長が参加されるということですね
相手	はい、間違いありません
自分	では斉藤に申し伝えます。お電話ありがとうございました。（自分の名前）が承りました。失礼いたします

ここがポイント！ 電話の取り次ぎは、基本のパターンをマスターし、ビジネス電話でよく用いるフレーズを覚えておけば、決して、難しくありません。
相手の言葉をきちんと聞き、取り次ぎ先が不在の時など、必要な場合はメモをとることが大切です！

問題5 メモをとってみよう!

さまざまな場面で、メモをとる練習をしてみましょう。

ケース1　在庫切れの商品名を、メモにとってみよう!

あなたは宅配食品会社ジューシーエイトの社員です。お客様からの注文電話を受ける仕事をしています。この会社では毎日の朝礼で「在庫切れ商品」の案内があります。朝礼に参加して、「在庫切れ商品」のメモをとってください。

＜教材を聞きながら、メモをとってみましょう＞
おはようございます。今日もよろしくお願いします。
本日の在庫切れ商品を読み上げます。みなさんメモをとってください。

例題の音声はこちらから　→　https://www.kaien-lab.com/wp-content/uploads/2018/08/memotraining_a.mp3

ケース2　実習の概要を、メモにとってみよう!

就職活動中のあなたは職場実習に参加することになりました。実習前説明会で、企業の担当者の方から実習に関する説明があります。説明を聞いてポイントをメモしてください。

＜教材を聞きながら、メモをとってみましょう＞
では実習のスケジュールをご説明します。

例題の音声はこちらから　→　https://www.kaien-lab.com/wp-content/uploads/2018/08/memotraining_b.mp3

よーく聞いてメモしましょう

ヒント　忘れると困る項目をしっかりメモします

話をただ聞いていると、頭がぼーっとしてきて、どんな指示を受けたのかわからなくなることがあります。そういうときは、「マイ議事録」をつくるつもりでメモを取りましょう。たとえ字が汚くても、自分さえわかればOK。だいじなのは「固有名詞」「時間」「場所」「持ちもの」「上司の指示」など、忘れると困る項目をしっかりメモしておくこと。後で上司から「さっきなんて指示したっけ」と尋ねられた時に「○○○という指示でしたよ」と答えられるとスマートです。

解答例

ケース1　在庫切れの商品名

旨み熟成ブリ切身、パンにおいしいよつ葉バター、アメリカ産冷凍ラズベリー、だしの香るめんつゆ、香りさわやかゆずこしょう、福岡県産にら、ショコラナッツカレー、以上です。よろしくお願いします。

ケース2　実習の概要

では実習のスケジュールをご説明します。初日は、このビルの7階受付に9：50までにお越しください。初日の午前中はオリエンテーションを実施します。午後から実習を開始していただきます。初日の実習は17：00で終了します。2日目から最終日まで、実習時間は10：00〜18：00ですので間違えないようにしてくださいね。持ちものは筆記用具と、あと昼食を持ってきてください。昼食は社内の休憩室で食べていただきます。冷蔵庫・電子レンジ・電子ポットが休憩室にありますので自由に使ってください。服装はスーツでお願いします。初日にセキュリティカードをお渡ししますので、2日目からはご自分で8階のオフィスに来るようにしてください。10分前までには出社して、準備を整えてくださいね。あと、初日の持ち物の追加で、印鑑をお願いします。書類を初日に渡しますので、それに捺印していただき、提出していただきます。以上で実習についての説明は終わります。

> **ここがポイント！**
> 口頭指示をすべてメモに残すことは難しいので、すべて文字に起こす必要はありません。
> 「いつ」「だれが」「何を」「どうする」などのポイントを抜き出し、汚い字でもいいので、後から自分がわかるように書いておくことが重要です！

公開！Kaien オリジナル教材

問題 6 　上司に進捗を報告するメールを書いてみよう

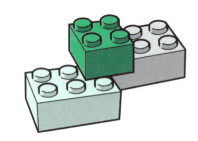

　あなたはある企業の人事課に所属する若手社員です。春は新入社員の入社や次年度新入社員の採用など対応する業務がたくさんあり大忙しです。2 週間前に 4 月に入社予定の新入社員研修の企画を立案するように指示を受けました。

　構想としては、昨年とだいたい同じ内容で、新しい要素として、将来なりたい社員像を考えてもらうために、以前インターネットで見かけたレゴブロックを使ったグループワークを盛り込もう、と考えています。しかし、「どんな資料を準備すればいいのか？」「研修の時間は伸びてもいいのか」など、いくつかわからないことがあり、上司に相談しようかどうか迷っていました。
そんな中、上司から進捗を確認されました。

> あ、猫田くん。
> 2 週間前に君に任せていた新入社員研修の企画の準備はどうなっている？
> 4 月 1 日に間に合うように準備していると思うが、進捗報告がまったくないのでちょっと気になってねえ。
> ぼくは今から外出してしまうので、
> あとで進捗をメールで報告しておいてください。

　今日は 3 月第 1 週。新入社員研修の開催まではあと 3 週間。あまり時間はありませんが、1 週間でプログラムの内容を確定し、2 週間で資料の作成や必要な物品の調達をすれば、なんとか準備は間に合いそうです。

上司に進捗を報告するメールを書いてみましょう。

 報告と質問をセットにしてメールします

　わからないことがあるたびに上司に聞いていると、そのつど上司の仕事を止めることになり、相手に負担をかけてしまいます。ある程度自分で企画をまとめるなどし見通しを立てた上で、わからないことを整理し、まとめて質問する方がいいでしょう。メールで仕事の状況を上司に報告すれば、どこに問題があるのか上司が判断しやすくなり、報告の「ついで」に質問をすれば、上司の都合のいいときに回答をもらうことが可能です。

件名：新入社員研修準備の進捗について ← 件名で、メールの内容がわかるように明記する

秋元部長

おつかれさまです。
新入社員研修の件、進捗のご報告ができておらず、大変失礼いたしました。 ← まず、進捗報告ができていなかったことを謝罪する
また気にかけてくださりありがとうございます。

現時点では以下の2点しかまとまっておりません。 ← 現在の状況と、企画概要を報告する
基本的には、昨年の研修内容を踏襲したいと考えております。
新しい要素としては、レゴブロックを使ったグループワークを取り入れたいと思っています。
このワークの目的は、当社の社員としての目標を新入社員のみなさんに考えてもらうことです。
参考URLは（http://matome.naver.jp/odai/xxxx）です。

質問が2点あります。

1. 研修の資料はどのようなものを準備すればいいでしょうか？ ← 質問をするときは箇条書きにするなど答えやすい形式で
　参考になるものがあれば教えていただけると助かります。

2. 研修時間は2時間で考えておりますが、多少延長してもOKでしょうか？
　ご意見をお聞かせください。
　　　　　　　　　　　　　　　　　　　← 今後の計画やスケジュールについても明記しておく
まずは今週中にプログラムを確定させたいと思いますので
水曜日にあらためてご相談させていただけたら幸いです。
準備自体は2週間で問題なく完了できると考えております。

着手が遅くなり申し訳ございませんが、よろしくお願いいたします。 ← 最後にもう一度謝罪し、挨拶の言葉でしめる

ここがポイント！ 上司に対して、定期的に仕事の進捗を報告することは必須！
その上で、わからないことがある場合は、まとめて、簡潔に質問しましょう。

161

問題 7 お客様をご案内してみよう！

あなたは、ルフォン株式会社という会社の総務部社員です。
部長を訪ねて受付に来られたお客様をお迎えに行き、応接室にご案内することになりました。

ケース1
お客様をご案内し、エレベーターに乗り込みました。
あなたは、①②③④のどの場所に乗りますか？

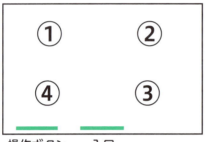

ケース2
お客様を応接室にご案内しました。どちらに座っていただきますか？

ケース3
お茶を出すときに、注意することはありますか？

状況をイメージしながら、質問に答えてください。

ヒント　上座と下座を意識して行動します

　目上の人やお客様が座る席を上座、目下の人や接待する側が座る席を下座といいます。応接室や会議室などの部屋はもちろん、エレベーターや車などにも上座・下座があります。
　仕事で来客や社内で地位が高い人と接する際には、どこが上座かつねに意識し、行動することがだいじです。

解答例

ケース1　お客様をご案内し、エレベーターに乗り込みました。

入口を正面に右手奥①が上座。②⇒③⇒④の順番で、操作ボタンのある④が下座です。基本的には、自分がエレベーターの操作を行いましょう。また、お客様を先に乗せ、先に降ろします。

ケース2　お客様を応接室にご案内しました。どちらに座っていただきますか？

部屋（会議室や応接室）の場合、入り口から遠い席が上座です。この場合は、①にお客様を案内します。

ケース3　お茶を出すときに、注意することは？

・お茶は上座の方からお出しします。
・お客様にお茶を回していただくのではなく、自分でお茶を運びましょう。
・ガチャン！　と大きな音を出さないよう、注意しましょう。
・口をつける部分に触れないよう、コップや茶碗の下の方を持ちます。

> **ここがポイント！**
> 立場が上の人が上座に立つ（または座る）のが基本です。社内でもっとも地位の高い人（社長・会長・CEO など）より、社外のお客様の方が立場は上です。間違えないようにしましょう。

163

公開！Kaien オリジナル教材

問題 8　予想外のトラブルに落ち着いて対応しよう！

あなたは看板制作会社「フジヤマ看板株式会社」の若手社員です。本日 9 時から、お客様の会社で新しく作成する看板の打ち合わせを行なうことになっています。

・打ち合わせは 9:00 から。上司である福田課長と一緒に行きます。
・当日は自宅から直行。お客様のビルの前で福田課長と 8:50 に待ち合わせています。

・打ち合わせで使う資料（看板のデザイン画、経費見積書、制作スケジュールなど）は、社内の Google Drive に保存しています。資料はパソコン上でも確認できますが、打ち合わせではお客様に紙で見せながら説明したいため、あなたが印刷して持参することになっています。
・7:30、あなたは予定通りに家を出発し、お客様の会社へ向かいます。
・電車の中で、突然の腹痛が！　立っているのも辛く、思わず電車を飛び下り、駅のトイレに駆け込みました。腹痛は収まらず、トイレから出ることができません。現在 8:10 です。

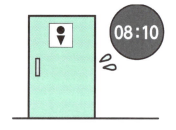

・携帯電話を見ると電池が切れており、電話をかけることができません。しかも昨日、福田課長の携帯番号を聞いていなかったことに気づきました。
・会社の電話番号は記憶しています。いつもなら 8:20 には同僚が出社しているはずです。
・福田課長はノートパソコンとポケット WiFi を持ち歩いているので、パソコンから Google Drive の資料を見ることはできるはずです。
・緊急で降りた駅は目的の駅より 1 駅前、電車と駅からの徒歩で現地まで 10 分かかります。
・今日あなたの財布には 1 万円とクレジットカードが入っています。

あなたならどう対処しますか？　落ち着いて考えてみましょう。

ヒント&解答例

ヒント　こだわりを捨て次の策を考える機転が必要です

　仕事では入念に準備（携帯電話の充電を確認すること、救急連絡先となる携帯電話番号を把握しておくこと）を行ない、時間的な余裕を持って行動することが重要です。それでも、予測のできない事態が発生することがあります。そんなときでも落ち着いて、対応策を考えなければなりません。だいじなのは、「最悪の事態」を避けることです。たとえば、今回の場合は、問題を「人」と「資料」に切り分け、どんなパターンがあるのかシミュレーションを行ないます。

	最高 ↗	まあまあ →	最悪 ↘
人	2人が行く	福田課長のみ	どちらも行けない
書類	印刷した書類あり	コンビニで印刷した書類あり	なし

●リスクを検討

　最悪の事態を避けるために、必ずどんなリスクがあるのかも、同時に検討します。
たとえば……
・とにかく、体調が回復するまで待つ→連絡しなければ、上司や取引先が心配する。
・痛みをがまんして目的地に行く→途中で動けなくなるなど、より大変な事態に陥る危険性がある。

解答例

体調もだいじですが、遅れる場合の連絡は必須です

①体調の回復を待つ。8:20 を過ぎても回復しない場合は多少リスクがあっても動く。
②携帯の充電池を買い、電話できる状況にする（がまんできない場合、トイレに戻っても OK）。
③会社に電話し福田課長の番号を聞く。課長に電話し、状況を報告。対応をお願いする。
④福田課長に頼み、Google Drive にある資料をコンビニなどで印刷してもらう。
　打ち合わせは一人で対応していただくようにお願いする。
⑤自分も体調が回復次第、タクシーなどで向かう（9:00 を過ぎてもとりあえず向かう）。

ここがポイント！ 予定外の事象が起きた際には、あわてず、さまざまな対応策をシミュレーションし、最善の対策をとりましょう。

公開！Kaien オリジナル教材

問題 9 自分の傾向を知っておこう！

自分だったらどのように行動するか、考えてください。
自分の考えと100％一致しなくても一番近いものを選択してください。

ケース1　むだではないかと思う業務がある

入社から半年……日々の業務にも慣れてきました。担当している仕事は、前任者に教わった通りいつもマニュアルに沿って行なっています。けれども、最近、むだではないかと感じていることがあります。あなたならどのように行動しますか？

①やっぱりどう考えてもむだだよ。担当の自分さえわかればだれも困らないし、次からはやらなくてもいいや。

②この仕事についてくわしい先輩や前担当者の人に自分の考えを伝えて、今後どうすればいいかを相談しよう。

③今までと同じやり方で処理することにしよう。

ケース2 先輩がとても忙しそう……

今日は会社の納涼会。あなたの先輩が幹事です。先輩は、みんなに楽しんでもらいたいと張り切っていますが、幹事の仕事は、当日受付やキャンセル対応、さまざまな指示出しや上司への接待など大忙しです。あなたならどのように行動しますか？

①納涼会を全力で楽しむ。

②先輩に声をかけて、手伝えることがあるか聞く。

③先輩が忙しそうだから、今声をかけるのは悪いと判断。先輩から指示があるまで待つことにする。

ケース3 繁忙期にかなりの量の仕事をふられた！

現在、会社の繁忙期です。周りのメンバーも忙しい日々を送っています。そんなある日、上司からかなりの量の仕事を依頼されました。必要なら部署で分担するよう指示されましたが、残業すれば一人でもなんとかこなせそうです。あなたならどのように行動しますか？

①一人でなんとか頑張る。

②先輩に相談して、業務を分担する。

③とりあえず途方にくれる。

あなたならどう行動しますか？　①②③から選びましょう。

167

ヒント＆解答例

ヒント　自分の傾向を把握しておきます

　自分の行動傾向を知るための問題なので、この問題には正解はありません。自分はどんな行動をとりやすく、どんな時に迷いやすいのかなど、自分の行動傾向を把握しておきましょう。傾向を知っておけば、ミスをした時、しそうな時の対策を練ることができます。

解答例

正解はありませんが、あえて言うなら、どのケースでも②がもっとも適切です。

①を選ぶ人は、あまり周りと共同作業を進められないタイプかもしれませんね。一人で進める方が効率がよい仕事もありますが、職場では情報共有がもっともだいじ。どんな場合でも、「報・連・相」は忘れないようにしましょう。

②を選ぶ人は報告相談をしながら、周りと協力して仕事を進めることができている人です。けれども相談が過剰になると、上司や先輩に負担がかかってしまうので、業務上必要なことはまとめて伝えるなど、工夫することを心がけてください。

③を選ぶ人は、指示を待つ傾向が強いかもしれません。新人の間はそれでもOKかもしれませんが、キャリアを積んでいくと主体的に動く力も求められます。だれかに相談しながら、周りをよく見て「今何をすべきなのか」を判断できるよう、練習しておくことも必要です。

ここがポイント！　困ったときは一人で判断せず周りに相談しましょう。周りに確認することでスムーズに解決できることもあります。また、仕事はチームで行なうことを忘れず、つねに他者のことを考えて行動することもだいじです。

第7章

突撃！
企業インタビュー

発達障害の人に理解のある会社

突撃！ 企業インタビュー

株式会社サザビーリーグ HR

横浜業務サポートセンター
小松里香氏

1. 業務の概要

　千駄ヶ谷、横浜、市川、新杉田の4カ所のオフィスで63人を雇用しています。63人の従業員はすべて障害者手帳を所有しており、92％の人が発達障害を持っています。指導は本社から出向した指導員が行なっています。

≪**主な業務内容**≫

横浜：システム開発、RPA（ロボットによる業務自動化）開発、ウェブ更新、顧客データ管理、SNS分析を担当。

千駄ヶ谷：オンデマンドのプリンターで印刷業務、オリジナルなデザインの小ロット印刷、名刺印刷などを担当。

市川＆新杉田：ロジスティック、倉庫業務、商品撮影などを担当。

　横浜では従業員が26名（うち指導員が3名）。100％発達障害で全員がKaien出身です。当社が事務所を立ち上げた2012年当時、発達障害の障害者就労はまだあまり注目されていませんでしたが、IT関連に集中力や興味が続き、適性がある人が多いと感じています。最初に11名ほど採用してノウハウが確立したため、その後、発達障害の人を継続して雇用しています。

　特例子会社の社長は人事部ではなく、本社IT部門のトップで、「福祉的観点で仕事するな」が持論です。「寄り添いながら、支えながら」ではなく、指導員にはリーダーとして従業員を引っぱる力が求められています。

　「障害者だからお願いする」ではなく、社会で認められる仕事ができるように指導していきます。ビジネス重視の考え方で、つねに「生産性を上げること」を意識しています。

株式会社サザビーリーグ HR

2. 困ったことやトラブルと対策例

ケーススタディ①　ウェブサイトの更新依頼のタイミングが一定ではない

　ウェブの仕事は、コーポレート公式サイトなので慎重に作業しなければなりません。新商品リリースを実際より早く出してしまったり、遅れてしまったりすると、本社広報やお客様に迷惑がかかります。

【対策】情報共有ツールを使ってウェブに反映されるまでの工程を細かく管理。

　タスクかんばんや業務管理表などを用いて、タスクの進捗状況を見える化した。

ケーススタディ②　顧客データの更新の際のトラブル

　売り場のお客様の個人情報の原本は鍵をかけて厳重に保管しています。しかし、情報登録作業の際、ある従業員が保管用キャビネットの鍵を数分つけっぱなしにしてしまったことがありました。

【対策】キャビネットの鍵管理の方法を工夫する。

・仕切りがついたケースの底に、大きくABCと書いた紙を底に貼る。Aの仕切りにはキャビネットAの鍵、BにはBの鍵を置くようにし、業務時間中は指導員の机にケースを置いている。こうしておけば、キャビネットを使う全員が鍵がないことに気づく。つけっぱなしはだいぶ防げるようになった。

・キャビネット鍵の出し入れチェックリストを作成。ペンがないと書き忘れるので、ペンをリストにひもでつけた。

ケーススタディ③　その他の業務上の課題をチェック体制の強化で改善

　「マニュアルにない作業をしてしまい、納期に間に合わない」「他人から見ると些末なことにとらわれて、業務が先に進まない」「優先順位が明確なのに無視してしまう」「ミスが多い」などの問題がありました。

【対策】ウェブ入力のチェックリスト、掲載後のチェックリストなどをスタッフが自作。ミスがひとつもないよう徹底してチェック。さらに、指導員が「今、何をしているか」などこまめに声がけをする。

突撃！企業インタビュー

ケーススタディ④　メールのやりとりが難しい

　ミスしやすい従業員の場合、本社とのメールのやり取りに問題が生じることがあります。

【対策】メールを送付する場合は上司をccに入れる、件名を変える、添付ファイルを忘れない、など抜け漏れを防ぐためのチェックリストを使う

　メールは送信前に毎回印刷して、チェックリストに照らし合わせてチェックします。

　作業によっては依頼元に確認しなくてはならないことがあります。確認し忘れを防ぐため、確認する項目も明記しチェックします。チェックをすることによりミスが大幅に改善しました。

3. なぜ対策が必要なのか

　ミスを未然に防ぐため、または起こってしまったミスを減らすためです。

　対策の考案と実行を任せきりにしてしまうと、実際に機能しているかどうかが把握できません。だいじなのは、「Plan・Do・Check・Action」を回すこと。Doの後に、本当にやれているかどうか指導員がチェックすることが必須です。

　チェック業務を行なっていると、「こういうリストが必要だな」「使い続ける必要があるな」と気づきます。チェックリストは、実際に使って業務を行ない、より良いリストに作り変えていきます。一度やってみて再度ミスした場合は、「どうしたらいいと思う？」と、考えさせます。「じゃあ、こういうリストにしよう」と、またPに戻ります。作る、使う、チェックする、考えて改善するのくり返しです。

　「ミスが起こらないようにするのは自分のため」と思えない人もいます。従業員が対策を実行して、効果が出てくるかどうか、従業員と指導員で確認することを徹底しています。

4. 発達障害といっても千差万別。得意な部分を生かす例

　同じアスペルガーといっても、真逆の対応を迫られることも少なくありません。

　本人がキャリア志向だったり、何かやりたいことがある場合、それができるように指導しています。

　納期も「何日何時」と細かく設定し、スキルアップを後押しします。

　発達障害のスタッフがグループブランドのキャンペーンバナーを作成する仕事も受注していま

株式会社サザビーリーグ HR

す。外注すれば数万円かかる作業なので貢献度は大きく、スタッフのスキル向上にもつながっています。

　担当したスタッフはもともとデザイン関係の仕事をしており、情緒も安定しているため、タイトな納期でも対応してもらっています。

　また IT 業界の出身のスタッフがもともと多いこともあり、システム開発も適性が高いと思います。意欲が高く、プログラマーとして成長したいと考えているスタッフが多くいます。ただし、だれもが同じパフォーマンスを発揮できるわけではないので、指導員がよく見て、納期や業務内容を調整しています。

　基本的には「やりたいこと」「できること」をベースに働いてもらうのがいいのですが、本人が思っているほど、仕事としてのパフォーマンスが出ないこともあります。その場合はモチベーションを保ちながら、興味や適正に近い方向に導くなど、調整するのが指導員の一番大切な仕事です。

　特例子会社で安定して働けているスタッフは、本人の適性に合わせて障害者雇用のまま本社管理部門で働くという制度がスタートしました。現在、3 人のスタッフが本社の経理と法務にいますが、とても順調です。本社の場合、指導員が常駐してチェックをするわけではありませんが、仕事を教えるコーチ役が一人つきます。

　たとえば経理では、指導員が上手に入って「発達障害者なので、一般社員と同じように働かせてもらうと困ります」という説明をきちんとした上で、戦力として働いてもらっています。仕事ができるので働かせすぎてしまう、余計な仕事を与え過ぎてしまう……ということもありがちなので、それぞれの部署でコントロールしてもらい、問題があれば指導員や上司が調整しています。

　もともと適性のあるスタッフということもあり、各部署からも助かるといわれており、本人たちもいい感じでモチベーションを保てているようです。そういう人がどんどん出るべきだと思っています。

5.　「そこまでやるか！」というくらいのサポートを目指して

　発達障害のあるスタッフは、「あ、そうか。これもか」と驚くくらい、当たり前のことに気づいていないことがあります。それが一般の会社だと「さぼっている」と思われてしまうんでしょうね。本人たちは、さぼっていないのに……。

173

突撃！ 企業インタビュー

　業務上の工夫、便利な道具、チェックリストなどがあっても、どういう状況で使っていいかわからないケースが多いのではないかと思います。マニュアル等を読んでも局面でピンとこなかったり、どう応用していいのかわからなかったり、自分の業務と結びつけることが難しい一面があります。

　タスクリストでも、チェックリストでも、何でもいいのですが、ひとつひとつ使えるようになるまできちんとフォローをし、使った後にも、ちゃんと使えているか、それが役に立っているかを確認する必要があります。

　「そこまでやるか！」というところまでサポートする必要があるのではないかと思っています。

グリービジネスオペレーションズ株式会社

グリービジネスオペレーションズ株式会社

経営企画室
副室長 竹内稔貴氏

1. 採用方針「働くための準備ができている人」を採用

　グリービジネスオペレーションズは、2012年5月設立の特例子会社で、グリーグループ各社に向けたBusiness Process Outsourcing（グリー本社の業務プロセスの委託先）拠点として機能しています。現在56人の社員のうち49人が障害者手帳を持っており、発達障害の方がほとんど（37人）です。離職率は直近3年(*)で13％、設立当初からはかなり減りました。

*2016年7月〜2019年6月までに入社した32人を対象。

　当社にはグループ会社の事業であるインターネットサービスやゲームビジネスに関係する業務が多くあります。発達障害者にはアニメやマンガに興味が強い人も少なくないため、当社の業務に向いている社員もたくさんいます。社員の9割は支援機関からの紹介です。支援機関では入社前に就労に向けたトレーニングを行ない、就職活動時期には人材アセスメントを、入社後も定着支援などのサポートがあるため、入社後も長く安定して勤務してくれる方が多くいます。
　Kaien様の協力を得てノウハウを築いてきました。
　採用する際に重要視しているのは「働くための準備ができている人」。健康管理ができていなかったり、日常生活管理ができていなかったりと、働く上での基盤となるものができていない方はどれほど優秀な能力を持っていても一緒に働くことは困難です。
　よく、障害者雇用の現場では「特性理解」ということがいわれますが、障害特性だけでなく、性格やスキルや経験や志向など、その人そのものを捉えていくことが何よりも大切だと考えています。

2. 環境整備「パフォーマンスを上げるための環境づくり」

　当社の企業ビジョンは「能力を最大限に発揮でき、仕事を通じ自律的に成長し続けられる会社を創る」です。グループ会社の事業に貢献できるようなパフォーマンスを出せるようにすること、そして自律的な成長を継続していけるようにするための環境づくりを心がけています。
　たとえば、デスクは集中しやすいようパーテーションで区切り、視覚情報優位な社員たちが働き

175

突撃！ 企業インタビュー

やすくするための大型ディスプレイを設置。そのほか、多動傾向のある社員が立ちながらでも仕事ができるようにハイカウンターや、易疲労な（疲れやすい）方のための仮眠室なども用意しています。

《設備とツールの工夫》

●デスクトップパーテーション

机上正面と横に設置したパーテーションです。半透明のアクリルタイプで、視線過敏や視覚情報過敏の方が集中できる環境を提供しております。

●マルチディスプレイ

大型ディスプレイ＋ラップトップ。ラップトップは縦に伸ばして（開いて）大型画面と高さを合わせている人が多い。

●ハイカウンター

オフィスの窓辺に設置された業務用共有スペースです。一人一台ノートパソコンを支給しているので、デスクで座りっぱなしでPC作業をしていることがつらい時に立ちながら仕事ができる場所となっております。

●集中スペース

自席から離れたところに設置された業務用共有スペースです。その日の体調や特性により自席で業務を行なうことが困難な場合に落ち着いて仕事ができるように用意しております。

●コミュニケーションエリア

社員同士のコミュニケーションを深めるために設置されたオープンスペースです。自社ゲームを遊べるタブレット端末や将棋、UNO、オセロなど各種ゲームを揃えています。

●休憩室

障害特性からくる疲れやすさ、過集中などに配慮し、各自が必要なときに利用できる休憩室を5室用意しています。

また、発達障害のある人には、極端に苦手だったり、負担が大きかったりする業務もあるので、引き受ける仕事についても吟味しています。

極端に納期が短い仕事や、電話対応や込み入った調整が必要な仕事などは受けないように注意し

ています。

　社員が安心して会社生活を過ごせるように、当社では福利厚生並びに各種制度を整えております。時間単位の有給取得制度やファミリー休暇、誕生日休暇、産業医＆保健師面談、ジョブコーチの配置などを用意しています。

3.　業務内容

　業務の内容としては、月に350以上の仕事があり、すべてグリーグループから受託している業務です。

　現在は管理スタッフ5人、リーダー4人を中心に業務マネジメントを行なっています。

　設立当初はコピーやシュレッダー、アンケート入力などの仕事が中心でしたが、少しずつインターネットサービスやゲームといった事業に関わる仕事が増えてきました。

　アイテムやキャラクターの名前を考えたり、ゲーム関連の画像加工を行ったり、ゲーム品質管理を請け負ったりしています。

≪業務事例≫

●画像加工（Nさん　女性）

　ゲーム内のキャラクターの色や背景画像などをフォトショップを用いて加工する業務。加工した画像が実際にサービスに実装されることに非常にやりがいを感じる。

●ゲーム品質管理（Tさん　男性）

　ゲーム内の不具合を探してレポートする業務。ゲームのクオリティに対する責任感を非常に感じることができる業務。

　業務とうまくマッチングを図るためには、適性の見極め方がポイント。紹介してくれた就労移行支援機関に聞き取りを行ない、本人の希望もヒアリングし、数ある業務から本人の適性と志向に合う仕事をみつけていきます。

突撃！ 企業インタビュー

4. 今後に向けて

　当社はKaien様からのご助言とご協力をいただきながら発達障害の方を中心とした雇用を進め、会社として成長を続けています。いまでは当社が発達障害の方を積極的に採用しているという評判が支援機関や発達障害当事者の間でも広がり、たくさんの方からご応募いただけるようになりました。

《課題とポイント》

●コミュニケーションギャップを生まないために
①聞き手はしっかりと傾聴し、話の本質を捉える。
②あいまいな表現はできるだけ排除し、指示出しは具体的かつ簡潔に。
③業務工程を細分化し、状況を見える化する。

●パフォーマンスをさらに上げるために
①口頭やメールなどコミュニケーションツールを使い分ける。
②業務の見える化をさらに進める。
③マニュアルや進捗管理方法の整備を徹底する。

　スタートした当初は、仕事にやりがいが持てないことを理由に退職する方もいらっしゃいました。最近は事業貢献度が高く、求められるスキルも高い仕事が増え、仕事を通じた成長を感じやすい環境になってきました。

　これからも当社は、グリーグループの事業への貢献度をより高めるとともに、もっと仕事の幅を広げて、会社として新たな成長に向けての挑戦を続けていきたいと思います。

三井化学株式会社

三井化学株式会社

人事部ダイバーシティ＆インクルージョングループ
グループリーダー **安井直子**氏

1. 人事部ダイバーシティ＆インクルージョングループについて

●ダイバーシティを重視

　ダイバーシティ＆インクルージョングループ（以下D&I-G）は障害者の採用や定着支援だけでなく、女性活躍推進や、外国籍、LGBTの方など企業内のさまざまなマイノリティーの方が組織に溶け込み、当たり前に一緒に活躍できる会社を作ることをミッションとしています。

　弊社は「Diversity」「Challenge」「One Team」をコア・バリューとして定めています。会社の持続的な成長にはこれらが不可欠であると考えているため、会社には多様な経験や能力を持ったさまざまな人が働いている必要があると思っています。そしてその人たちが、組織の中で最大のパフォーマンスを発揮でき、安心して働ける環境を提供することが大切だと考えています。

　そこでD&I-Gでは、女性管理職の育成、介護や育児と仕事の両立、LGBT理解、異文化理解、病気治療と仕事の両立などのテーマごとに、研修や社内セミナーを行ない社員の意識改革に取り組み、多様な人材を受け入れられる組織風土を醸成しています。

●インクルージョンシステム

　障害者雇用については、特例子会社や障害者を集める特別部署を持たずに、一般職場への配属を行ない、インクルージョンを進めています。障害者枠で採用した社員（嘱託社員）は2週間～3カ月程度人事部で預かり研修期間を受けていただき、その間に生活リズムを作りながら、弊社の仕事のやり方、職場環境、会社生活に慣れてもらった後に、各部署に配属するシステムをとっています。

　具体的には会社で仕事を行なう上で必要な法令教育の受講、就業規則の読み合わせ、勤務表の入力方法や出張旅費精算の仕方、会議室予約方法の習得などを行ない、職場配属後スムーズに業務に移行できるようにしています。

　人によっては生活態度の指導を行なうこともあります。たとえば、日中居眠りをする人がいましたが、夜に長時間インターネットを利用している、ということがわかりました。そこで平日の夜のネットの利用は、仕事が安定するまでの間は禁止するよう指導しました。とくに新卒の方の中には、アルバイト経験もなく組織の中で働くのは初めて、という人もいるので研修期間を長めに取り、働くことに対する意識づけや基本的なビジネスマナーなども教育しています。

| 突撃！ 企業インタビュー |

●配属の工夫

　それぞれの方の特性や人柄をD&I-Gで把握してから職場に配属することで、職場とのミスマッチが起こる可能性を低減できることと、配属後に職場で問題が起こった際、D&I-Gがスムーズに職場をサポートすることが可能になります。

　配属の際、職場側に発達障害に対する理解を促進する教育をすることも大切です。一口に「発達障害」といってもその特性は当然ながら個別に違います。個々に「聴覚過敏がある」「嗅覚過敏がある」「耳からの情報が苦手」「優先順位付けが苦手」などの、特性を事前に配属職場へ伝えます。

　「怒られることが極端に苦手なのでネガティブな表現を使った叱責は極力さけてください。『なんでできないの？！』ではなく『こうやればできますよ』と指導してください」

　「複数の仕事を同時に依頼する場合、締め切り日時を伝えるだけでなくどちらから先に手を付けるべきか指導してください」

　「隣の席に座ると気持ちが安心するので座席レイアウトに配慮をお願いします」

　などの細かい配慮事項まで具体的に伝えて、安心して働いてもらえる環境を用意します。

　研修期間中に配属予定の職場の環境や業務は合わないかもしれないと感じられるときには、思い切って配属先を変えることもあります。

　現在本社で雇用している障害者枠の社員のうち、約20名が発達障害を持っています。翻訳や経費処理、データ管理、経理補助、契約書チェック、OA担当者、採用活動補助、庶務など、各人の「得意分野」を生かしてさまざまな場面で活躍しています。

2. 発達障害の社員のミス、困っている点、対処方法

●ミス・問題への対応

　ご本人の特性を見ながら少しずつ仕事のレベルや量の枠を広げますので、いきなり大きな間違いを起こす、ということはありません。ちょっとした入力ミスや指導内容の勘違いはありますが、それが大きな問題になったような事例はありません。

　小さなミスに関しては集中力に問題がある方が起こしがちです。文具の発注や伝票入力で桁数を間違えたり、文章の“てにをは”がおかしかったり。PC入力の指導を受けている最中に別のことに関心がいってしまい、全くその業務と関係のないずれた質問をたびたびして、指導者をイライラさ

せてしまう方もいました。しかしそういった方の中には同じ仕事を長時間するのではなく、細切れで複数の仕事（一つひとつが短い時間で対応可能な庶務など）を行なってもらうとミスが減り問題なく仕事ができる人もいます。職場の他のメンバーが、自分でもできるけど忙しくて他に優先順位の高い仕事があるからだれかが支援してくれると助かる、と感じるような仕事を積極的に引き受けてくれて、職場で重宝されるようになる人もいます。

　できないことをむりにやってもらおうとすると、本人にも職場にも負担がかかります。「できない」と見極めたら、深追いしないことも大切だと思います。会社は広いのでさまざまな業務があります。苦手なことをむりにやらせようとすると職場は指導に疲れ、ご本人は自己肯定感がどんどん下がっていきます。得意なことを活かせるように工夫して、向かないと判断したら、他の仕事や部署を探します。

　もちろん採用からしばらく時間が経ち「この人ならこの仕事はできるはずだ」と上司が判断した場合は、本人が苦手だということにもチャレンジしてもらうこともあります。自分ではできないと思っていても意外にできてしまうことも多くあるものです。とくに心配性な人は新しいことへのチャレンジを望みませんが、何度も確認するので失敗をあまりしません。また勝手な判断はせず、必ず上司に相談して了解を得て進めるため、上司としては安心して仕事を任せられるというケースもあります。

●異動という選択

　配属後にミスマッチが発覚したこともありました。情報処理などの高度なスキルが求められる部署への配属だったのですが、指導された内容を理解できず間違った対応をしたり、簡単な応用ができなかったりしたため、徐々に任せられる仕事が減っていき、必要性の低い仕事をその人ができるレベルで作ってやってもらっている状況でした。職場では丁寧なマニュアルを作り、できる限りのサポートをしていましたが、1年たっても自立して仕事ができないことに対して「この職場にずっと置いておくのは本人のキャリアのためにならないのではないか」と所属長からD&I-Gに相談がありました。職場の訴えを聞き、その方は自らが職場で求められる業務能力に到達していないと判断したので、別の職場に異動してもらいました。その後新しい職場では庶務を担当してもらいましたが現在は「大」がつく活躍ぶりです。職場から「発達障害に対する見方が変わった」「彼のような人ならもう一人ほしい」とポジティブな感想を貰っています。その人はとても明るく朗らかな性格で、失敗を注意されたときに「申し訳ありませんでした。これからはがんばります」とちゃんと謝罪し反省ができるため、職場は大事に育成し本人もそれに応え成長しています。

突撃！企業インタビュー

●障害者への指導

　一方、指導する側としては、業務上の指導や失敗への注意に対し「障害者差別だ！」「特性を指摘しないでください！　これは障害です！」などと言われると、気持ちが萎えてしまいます。ミスに対し、謝罪ではなく「障害なのでできません」と開き直られると、それ以上の指導が難しくなるため、障害者の方々は新たな仕事へのチャレンジなどのチャンスを受けづらく、キャリアを積みにくくなります。特例子会社や障害者を集めた職場ではない一般の職場への配属の場合、上司は福祉や心理学などの教育など受けている人ではないので、彼らの言葉を正面から受けてしまい、「障害者の指導は自分にはむりだ」など指導に自信をなくすことがあります。

●同僚との関係

　職場のメンバーとの相性も難しい問題です。発達障害を持つ方が、厳しい口調で指導をする人が苦手だったりすることもあれば、逆に受け入れた職場で同僚となった人が発達障害を持つ人のストレートな物言いに精神的なダメージを受けてしまうこともあります。相性が悪い同士は、近くならないように座席配置に配慮することもあります。

　「障害による話し方の特性なのだから自分が我慢しなくては」と考えていたチューターがメンタルを壊す寸前まで追い込まれたこともあるので、職場のメンバーとの関係性は気にかけるようにしています。

●ビジネスマナー

　目上の人やお客様の前を平気で横切ってしまう、エレベーターを降りる際にだれよりも先に降りるなど、入社した当初はビジネスマナーが苦手な人もいました。一目見ただけでは障害の有無はわからないのでそれらの行動が周囲の人には奇異に映ります。

　周りの人がそういった行動を気にしていることがわかっても、「この人は発達障害があるので」とその場で説明することはできませんし、あまり注意すると萎縮して公的な場所に出たがらなくなってしまうことも考えられます。そこで、目上の人の前を横切ってしまいそうな場面では後ろから洋服を引っ張ったり、エレベーターでは「みんなが降りるまでドアを押さえておいて」と頼んで制止するなどして工夫しました。場数を踏めば慣れて今ではみなさん問題なくマナーのよい行動ができています。

三井化学株式会社

●基礎から応用へ

　与えられた業務が不本意で「自分は高度な仕事をやりたい」と思っている人も時々入社されます。とくに若い男性にこの傾向は強いのではないかと思います。上司は会社のためにも本人のためにも失敗をさせたくないので100％できることがわかってから、次のレベルにステップアップさせる仕事を与えます。基礎編ができずに応用編には進めません。「かっこいい仕事がしたい」「みんなに自慢できるような仕事がしたい」というあせりもわかりますが、企業で働く上では一歩ずつのステップアップが大切なので、着実な成長をしていけるよう指導しています。

●日誌の活用

　定着支援のためには、日誌を活用しています。就業が安定してくると日誌をやめる場合もありますが、就労開始後数年経った最近になって上司部下のコミュニケーション不足を補う目的で復活させる職場もあります。

　日誌の主な目的は本人の困りごとの早期検出です。それぞれの上司は毎日ゆっくり話を聞くことができない時もあるので、日誌を読んでコンディション確認とトラブル予防を行ないます。

　「困ったことがあれば相談してください」といっても、忙しそうな上司にどのタイミングで声をかけていいかわからなかったり、会議前や緊急案件に対応している最中など不適切なときに声をかけたりすると取り合ってもらえないこともあります。「この程度であればまだ相談しなくていいかな」と考えているうちに悩みが深くなり深刻な事態になってしまうこともあります。日誌であればちょっとした困りごとでも気軽に書けるので、上司はそれを確認し大事になる前にタイムリーに対処できます。

　体と心の健康状態については自己申告で点数をつけてもらっていますが、体調と天気との関連が見られたり、季節とメンタルとの関連が見られたりする方もいます。日誌を長く続けていることでご本人も気づいていなかった心身のアップダウンの傾向がつかめ、自ら心身の状況の悪化の兆候をキャッチして、事前に休みを取り自らの体調をしっかりコントロールできるようになった人もいます。

　食事と睡眠時間の管理が苦手な人もいるので、しっかり３食摂ったかどうかや前夜は何時間寝たかも書いてもらっています。服薬状況（薬の種類や用量の追加、減量）も書いてもらうことで、医師の指示通りの服薬をしているか、薬の種類や量の変化による体調や精神状態の急な変化がないかの参考にしています。２次障害であるうつ病などを経験している方の場合、とくに慎重に様子を見ています。心身の健康状態の自己申告値が低い状況が続くような時は、D&I-Gのメンバーとの面

183

> 突撃！ 企業インタビュー

談を行なったり、産業医との面談をすすめたりします。

●面談の実施

　もうひとつの定着支援策として、面談を行なっています。四半期に一度、Kaien様のような定着支援機関の担当者にお越しいただき、本人、上司それぞれと個別に定着支援の面談の場を設けています。定着支援機関の担当者には、本人からは仕事や健康面の相談や上司や人事に伝えてほしいことを聞き取ってもらい、上司からは指導の仕方の相談や仕事に取り組む様子などについての報告があります。

　とくに、ちょっとした問題行動があった時、それがわがままなのか障害に由来するものなのかの判断がつかず注意していいものか悩む上司は多くいます。発達障害について詳しい担当者のアドバイスは大変参考になります。お互い面と向かって直接言うには言いづらいと感じるようなことでも社外の方に間に入っていただき、それぞれの気持ちをうまく代弁していただくことで、上司、部下それぞれの気持ちをお互い理解することに役立っています。

3. 発達障害者を積極的に雇用する理由とその結果としての問題点

●企業の社会的責任

　弊社は、過去には残念ながら障害者の雇用に積極的ではなかった時期もありました。しかし今は、大企業の社会的責任として障害者雇用が求められています。そのため障害を持ちながら働く人たちの活躍を支援するD&I-Gのような仕事が必要なのです。しかし、企業は営利を追求する必要がありますので、配慮に必要な費用がアウトプットを超えるのでは継続した雇用が難しくなります。逆に苦手なことに配慮さえすれば活躍できる人には、どんどんチャンスと成長機会を与え活躍してもらい、その分高い評価をつけ、給与にも反映させています。

　弊社の障害者枠採用は、オープン就労（障害を持っていることを一緒に働く周囲の方に伝える）をお願いしています。オープンにすることで、職場のみなさんに「発達障害はどういう障害か、〇〇さんの特性、配慮してほしいことは具体的にどういうことか」を理解していただく、受け入れ職場教育が可能になります。

　はじめて発達障害を持つ方を採用した時は、障害についての知識が浅かったため「接し方がわか

らない」と危惧する声も聞かれましたが、実際に配属すると「どこが障害なの？　普通じゃない？」と言われることも多いです。しかし「普通」に見えることがご本人たちのプレッシャーになることもあるので注意してください、と受け入れ職場研修でお伝えすることもあります。

●働く時に大切なこと

発達障害を持つ人が組織で働くには（とくに障害者が少ない環境で働くには）、細かいビジネススキルやコミュニケーション力に長けているよりも「他人の責任にしない」ことがもっとも重要です。

注意や指摘を自分への攻撃と受け取り、反撃とばかりに強い口調で「だってＡさんが……」と他人を責める人もときどき見られますが「もしかしたらＡさんの責任かもしれないけど自分はどうだったかな？」と考えられるかどうか、また「人の責任にしているよ」と指摘されたときに、自分をふりかえり、反省することができるかどうかが周囲とうまくやっていくためにはとても大切です。

発達障害のある人の雇用でいつも難しいと感じるのは、ビジネススキルの欠如ではなく、常に人間関係の問題です。

4. D&Iグループリーダーとしてのやりがいと今後の抱負

今の職場では発達障害のあるスタッフは若手が多いこともあり、私は「小学校の先生」のような感覚で接しています。私たちがサポートした人たちが、配属職場になじんでキャリアを積み、成長し、自己肯定感が育っている様子を見ると嬉しく感じます。

また、特例子会社などのように一部の人のみが障害者と接するのではなく、「会社にはさまざまな人が普通にいる」という弊社のようなインクルージョンな環境は、活躍したい、成長したいと強く願う人たちには理想だと思います。今後も自分は組織に貢献しているんだ、というやりがいを感じられる職場づくりを目指していきます。

参考になる情報

■発達障害者支援センター

　各都道府県、また各政令指定都市に必ずひとつ設置されています。その地域の発達障害者支援の要であり、多くの支援機関の情報が集まります。本人や保護者、発達障害のある人に関わる関連機関や施設の方がライフステージを問わず利用します。「困っていることはいろいろあるが、今の自分に必要な支援や支援機関がわからないので紹介してほしい」というときに使うとよいでしょう。

■障害者職業センター

　各都道府県にひとつ以上あるセンターです。発達障害だけでなく、あらゆる障害で就労に難しさを抱える人や、その雇用者の相談に乗ってくれます。今の職場でうまく仕事をする方法が知りたいときや、休職中に復職に向けた支援がほしいとき、またジョブコーチ（障害を開示して働く場合に、本人の働いている場所を訪問し、本人や企業へ相談支援を実施する人）の支援がほしいときも相談できます。

■障害者就業・生活支援センター

　上記の「障害者職業センター」では行き届かない地域レベルのサポートを目的に設置が進んでいるセンターです。このため、障害者職業センターが最寄りにない地域に設置される例が多くなっています。全国には 300 程度のセンターが設置されていて、主に就業関係の生活面と、就業前、就業中のサポートをしてくれます。「就業」と「生活」の間に「・」（ポツ）があるので、しばしばナカポツセンターと呼ばれます。就労だけでなく、生活面でのサポート（日常生活やグループホームの利用など）も必要なときや、就職後に職場定着のための支援を受けたいときなど継続的に支援を受けることができます。

■障害者就労支援センター

　上記、「障害者就業・生活支援センター（ナカポツセンター）」と同じく、就労面と生活面の支援を一体的に支援するため行政が設置しているセンターです。ナカポツセンターとの違いは、障害者就労支援センターは各市町村レベルで設置されており、利用の際は本人が住んでいる住所（あるいは今働いている場所）によって制約がある一方、ナカポツセンターはより広域で支援を行なう点です。

■就労移行支援

　就労移行支援とは、就労を希望する障害のある方を支援することが目的の障害福祉サービスです。職業訓練、就活支援、定着支援（就職後の職場訪問など）のサービスが受けられます。株式会社 Kaien（https://www.kaien-lab.com）も現在 8 拠点で運営しています。就職活動のときだけではなく、休職中で復職を目指す際に「リワーク」（復職に向けたウォーミング・アップ）として使えます。

■就労定着支援

　就労移行支援など福祉事業所を利用して就職を果たした人が、就職後最大 3 年間活用できる障害福祉サービスです。企業との間に立ってやり取りをしたり、定着を確固たるものにするために本人にアドバイスをしたりします。

■転職サイト・面接会

　ハローワークではなく民間企業が運営する障害者雇用に特化した転職サイトや面接会も近年多くなってきています。発達障害に特化したサービスは当社 Kaien で運営しているマイナーリーグ（https://mlg.kaien-lab.com）があります。

■医療機関

　発達障害の診断をしたり、必要な場合に服薬の方針を決めたりします。とくに服薬をする場合は定期的に訪れて服薬の状況や体調を確認したりします。精神科医本人がカウンセリングを行なうこともありますし、心理職が勤務している場合は心理職がカウンセリングを行ない、経過観察することもあります。医療機関は大学病院のような比較的規模の大き

な病院の精神科や、個人経営のクリニックなど種類に分かれます。中には、発達障害向けのデイケアを実施している医療機関もあります。なお東京都福祉保健局のウェブサイト（http://www.fukushihoken.metro.tokyo.jp/shougai/shougai_shisaku/hattatsushougai.html）では、都内にある「発達障害医療機関一覧」へのリンクが掲載されています。

■カウンセリングルーム

　基本的には心理職が対応します。1対1のカウンセリング以外にグループでの活動が取り入れられることもあります。就職のことも含め、心身の不調を専門家に相談したいときや発達障害の特性について相談したいときに使います。発達障害以外の精神障害（うつ等）の相談も受け付けています。健康保険が活用できない場合がほとんどであるためカウンセリング料は1時間で1万円程度のところが多いでしょう。

■自閉症協会

　もともとは親の会としてスタートした全国の都道府県市に51ある組織です。一般社団法人日本自閉症協会が全国組織です。全国各地の自閉症協会はその地の専門家の方とも協力して活動を行なっており、地域で暮らす上で必要な各種の情報を提供しています。行政に相談に行ったが複雑すぎてわかりづらい時や、主に親の立場から支援機関の評判や特徴を聞きたい時に活用できます。

■当事者の会

　さまざまな団体が設立され、活動が活発になっています。とくに首都圏ではいくつもの団体が新しくできています。同じ境遇の人に会いたい時、似た特性の人の対策や工夫を知りたい時や、いわゆる健常者相手では共感されない胸の内を吐露したい時に活用しましょう。

おわりに

　当社は 2019 年 9 月に、創業 10 年を迎えました。10 年前の社会は「発達障害って何？」「知的障害のこと？」という状態でした。それがこんなニッチな本を出せるほど、一気に時代が変わったことに驚いています。

　今回は出版計画から 2 年経ったこともあり、関係者のみなさまには本当に長くにわたってお世話になりました。合同出版の坂上美樹さんにはつねにプッシュしていただき、無事に世の中に作品を出すことができました。

　東京都自閉症協会でもご一緒させていただいている尾崎ミオさんにはすばらしいフォローをしていただきました。とくに合理的配慮の部分は尾崎さんによって内容のクオリティを引き上げていただけたと思います。

　マンガは前作に続きオオノマサフミさんにお願いし、凸凹した人たちの世界観を鮮やかに表現していただけました。

　また、取材に協力いただいた株式会社サザビーリーグ HR、グリービジネスオペレーションズ株式会社、三井化学株式会社の各社のみなさまには本当にお世話になりました。この場をお借りして、厚く御礼申し上げます。

　この本を発達障害のある人やその傾向がある人、その職場の関係者、ご家族など、それぞれの立場でお役に立てていただけたら、こんなに嬉しいことはありません。

　自信作となったとはいえ、至らないところも多々あるかと思います。読後の感想や忌憚のないご意見をお寄せいただけましたら幸いです。

　この本の刊行後も開発や研究を続けて、次なるサービスや作品の種にしていきたいと思います。

2019 年 11 月

鈴木慶太

監修者

鈴木慶太 (すずき・けいた) 株式会社 Kaien 代表取締役

東京大学経済学部卒。ノースウェスタン大学ケロッグ経営大学院修了（MBA）。NHKアナウンサーとして勤務後、長男の診断を機に発達障害に特化した就労支援企業Kaienを起業。これまで1,000人以上の発達障害の人たちの支援に現場で携わりながら、創業以来社長を務める。日本精神神経学会・日本LD学会等への登壇や『月刊精神科』『臨床心理学』『労働の科学』等の専門誌への寄稿多数。著書は『親子で理解する発達障害 進学・就労準備の進め方』（河出書房新社）、『発達障害の子のためのハローワーク』（合同出版）、『知ってラクになる！ 発達障害の悩みにこたえる本』（大和書房）。文部科学省 第1・2回障害のある学生の修学支援に関する検討会委員。星槎大学共生科学部特任教授。

編著者

株式会社 Kaien (カイエン)

2009年9月の設立後一貫して発達障害の強み・特性に着目した支援を行なう。通所型施設として、就労移行支援「Kaien」、放課後等デイサービス「TEENS」、学生向け支援サービス「ガクプロ」を計20拠点で展開。これらの直営拠点以外でも全国12の福祉事業所にKaienプログラムを提供している。企業向けには発達障害者の採用支援やジョブコーチ常駐型サテライトオフィスを提供しているほか、発達障害専用の求人情報サイト「マイナーリーグ」の運営も行なっている。
http://corp.kaien-lab.com/

取材協力	株式会社サザビーリーグ HR
	グリービジネスオペレーションズ株式会社
	三井化学株式会社

執筆協力	藤川徹（Kaien ブリッジコンサルタント）
マンガ	オオノマサフミ
カバーデザイン	後藤葉子（森デザイン室）
本文デザイン	椎原由美子（シー・オーツーデザイン）
組版	酒井広美（合同出版制作室）

編集協力	尾崎ミオ（TIGRE）

まんがでわかる 発達障害の人のためのお仕事スキル
楽しく働くためのヒント＆セルフアドボカシー

2019 年 11 月 30 日　第 1 刷発行
2022 年　2 月 25 日　第 2 刷発行

監　修　者	鈴木慶太
編　著　者	株式会社 Kaien
発　行　者	坂上美樹
発　行　所	合同出版株式会社
	東京都小金井市関野町 1-6-10
	郵便番号 184-0001
	電話 042（401）2930
	振替 00180-9-65422
	ホームページ https://www.godo-shuppan.co.jp/
印刷・製本	株式会社シナノ

■刊行図書リストを無料進呈いたします。
■落丁・乱丁の際はお取り換えいたします。
本書を無断で複写・転訳載することは、法律で認められている場合を除き、著作権及び出版社
の権利の侵害になりますので、その場合にはあらかじめ小社宛てに許諾を求めてください。
ISBN978-4-7726-1398-9　NDC369　182 × 230
©SUZUKI KEITA, 2019